教育学学术论文
投稿与发表

兰国帅　蔡帆帆◎编著

科学出版社

北　京

内 容 简 介

　　学术论文写作不仅需要具备深厚的理论知识，还需要熟练运用各种科研工具，更需要遵守学术写作规范、掌握学术写作投稿和发表技巧。本书采用学术论文写作系统化思维，着重探讨了怎样遵守学术写作规范、规避学术写作失范，深入讲解了如何选择投稿目标期刊、掌握期刊投稿流程、熟悉期刊选稿标准、正确回应期刊返修等内容。更重要的是，本书还着重讲解了学术论文写作投稿和发表的一些关键技巧，并辅以一些优秀范例，旨在全面提升读者的学术论文（期刊论文和学位论文）投稿能力和发表能力。

　　本书特别适合人文社会科学领域的大学生（本科生、硕士生、博士生）和研究者（青年教师、研究新手）使用，尤其是教育学专业学生和青年教师，旨在提升其学术论文写作素养。

图书在版编目（CIP）数据

教育学学术论文投稿与发表 / 兰国帅，蔡帆帆编著. --北京：科学出版社，2024.6. --ISBN 978-7-03-078671-5

I. G40；H152.3

中国国家版本馆 CIP 数据核字第 2024RC8319 号

责任编辑：卢　淼／责任校对：张亚丹
责任印制：徐晓晨／封面设计：润一文化

科 学 出 版 社 出版
北京东黄城根北街 16 号
邮政编码：100717
http://www.sciencep.com
固安县铭成印刷有限公司印刷
科学出版社发行　各地新华书店经销
*
2024 年 6 月第　一　版　　开本：720×1000　1/16
2024 年 6 月第一次印刷　　印张：12 1/4
字数：180 000
定价：68.00 元
（如有印装质量问题，我社负责调换）

序　言
PREFACE

　　生成式人工智能教育时代，掌握规范的教育学学术论文写作理论、技巧和科研工具，尤其是学术论文投稿和发表技巧，提升学术论文撰写能力和发表能力，对大学生、教师和研究者尤为重要。虽然很多院校开设了教育学研究方法、学术论文规范与写作等学术训练课程，致使大学生学术素养有所提升，但实践层面依然存在选题缺乏亮点、标题不够醒目、摘要不够规范、关键词不够精准、文献检索不周全、引言缺乏目的、文献综述不深、研究设计不全、研究方法单一、研究工具不熟、综述类论文不会、元分析类论文不懂、量化类论文不精、质性类论文不专、研究结果不新、研究讨论不深、研究结论不明、研究启示不亮、研究结语不全、参考文献失范等问题。因此，为使教育学专业大学生（本科生、硕士生、博士生）和研究者（特别是青年教师、研究新手）有效规避上述问题，掌握规范的教育学学术论文写作理论、技巧和科研工具，提升其学术论文投稿和发表能力，笔者提炼多年学术论文写作和审稿经验，特撰写《教育学学术论文投稿与发表》一书。

　　本书采用学术论文写作系统化思维，按照教育学学术论文投稿—学术论文发表的内容逻辑架构，注重遵守学术写作规范、规避学术写作失范，聚焦选择投稿目标期刊、掌握期刊投稿流程、熟悉期刊选稿标准、有效回应返修建议、有效修改论文内容等议题，内容涵盖遵守规范和规避失范、学术期刊的投稿指南、正确回应期刊的返修等。其目的在于提高教育学专业大学生和青年教师的学术论文（期刊论文和学位论文）投稿与发表方面的能力，进而增强他们的学术素养。

本书是 2023 年度河南省高校哲学社会科学创新人才支持计划（项目编号：2023-CXRC-12）、2023 年河南大学科研实验室（平台）面向本科生开放性课题项目（项目编号：20231403081）、2023年河南省软科学研究计划项目（项目编号：232400410019）、2024 年度河南省高等学校重点科研项目资助计划（项目编号：24A880003）、郑州市 2024 年度社科调研课题、2023 年度河南大学研究生教育教学改革研究与实践项目（项目编号：YJSJG2023XJ061）、河南省教育政策研究院（软科学研究基地）、教育部共建教育评价改革研究基地（河南大学）和河南大学教育学部教育学筑峰学科建设项目的阶段性研究成果，受到以上项目的资助。

本书由兰国帅博士负责整体策划、设计、撰写和统稿，其中蔡帆帆参与了第一章及第二章第一、二节的撰写。参与初稿整理和校对的有：兰国帅、杜水莲、张欢、宋梦琪、黄春雨、吴迪、孙永刚、赵晓丽、蔡帆帆（第一章），兰国帅、宋帆、李晴文、孙攀瑞、蔡帆帆、郭天雯（第二章），兰国帅、肖琪、赵怀亮、牛淑丽、孙永刚、刘娅（第三章），在此一并表示感谢！此外，特别感谢科学出版社教育与心理分社付艳分社长以及卢淼、张春贺、崔文燕等编辑付出的辛勤劳动。同时，对所有关心和支持本书的人表示最诚挚的感谢！

本书参考并引用了国内外文献与网站资料，其中的主要来源已在参考资料的目录中列出，如有遗漏，恳请谅解。在此谨对资料及案例作者表示感谢。由于作者经验与学识有限，书中疏漏在所难免，欢迎读者指正。

目　　录
C O N T E N T S

第 一 章

遵守规范和规避失范

在学术论文的撰写过程中，笔者凭借多年的撰写与审稿经验，深感内容质量固然是论文的精髓所在，但格式的规范同样不容忽视。可以说，内容的卓越设定了论文的上限，而格式的严谨则为其划定了下限。一篇卓越的论文，不仅要有独到的见解和深刻的思考，更需严格遵循学术论文的写作规范。这种规范性不仅是学术严谨性的体现，更是确保论文能够经受住学术界的严格筛选，最终走向公众视野的关键。本章将详细阐述学术论文写作时应遵循的十大规范，并对常见的写作失范行为进行剖析。

第一节　熟悉学术写作规范，遵守学术写作规范

学术论文写作对于许多青年教师和学生而言，常伴随着对学术规范、文献引用和注释标注等关键环节的疑惑。学术规范不仅构成了论文写作的基础，更是确保学术严谨性和诚信性的重要保障。然而，初学者在实际写作过程中，往往因不熟悉这些规范而陷入困境，包括常见的误区和规范的正确应用。因此，深入了解并遵循学术论文写作规范，对于提升论文质量和学术水平至关重要。

一、学术论文中的学术写作规范

学术规范是指在学术共同体内形成的进行学术研究的基本规范，也是根据学术发展规律制定的有关学术活动的基本准则。它涉及学术研究的全过程和贯穿学术活动的各个方面。学术论文中的学术写作规范涉及学术研究中的具体规则，不仅包括表述规范和理论规范，还包括行为规范，如成果发表的基本规范、合作署名的基本规范等，这些均需引起研究者的重视。下面将详细展开论述。

（一）学术论文的表述规范

学术论文的表述规范包括中英文摘要、关键词、注释、引文和参考文献的表达规范。这一规范不仅是促进学术对话和交流的必要条件，更是帮助学者提高学术论文写作水平的重要途径。

1．中英文摘要规范

学术论文中的"摘要"是指在客观、真实的前提下，用最简洁、清晰的语言，不加修饰地概括出论文的研究体系、主要方法、重要发现以及主要结论等。一般情况下，高校学报学术论文的"摘要"出现在论文标题和作者之后，且置于"关键词"之前。从当前分析的学术论文样本来看，不少论文在"摘要"的写作内容和格式方面仍然存在不规范现象。接下来笔者将从以下六个方面来阐述学术论文"摘要"的规范写作。①

第一，我国新闻出版机构及管理部门对学术论文"摘要"的撰写设立了严格的规范与标准，明确要求遵循《中华人民共和国国家标准之文摘编写规则》（GB 6447-86）。然而，部分学术论文的"摘要"过于侧重研究背景与研究过程的介绍，而未能突出研究结论与研究成果，这与规范所强调的重点相悖，导致整体表达主次不明、要点不突出。

第二，从学术论文"摘要"的内容来说，撰写一篇内容翔实、符合规范的高质量学术论文"摘要"时，以下三个方面的问题值得深思。首先，应明确课题研究的背景和价值。作者需清晰阐述课题的研究目的，即为何要进行此项研究。同时，应揭示研究的价值所在，无论是对于理论研究的深化，还是对于实践探索的推动，都应明确指出其学术价值和社会意义。其次，需界定课题研究的具体目的。这包括详细阐述研究的理论模型、研究对象、研究过程和方法论。具体来说，需要明确研究视角、理论框架、研究对象、研究方法以及所探讨的问题或维度，并阐述研究期望达到的目标。最后，需准确阐明研究

---

① 赵广示. 浅谈学术论文摘要和关键词的规范写作及编排[J]. 教育文化论坛，2022，14（3）：105-108.

结论和建议。这一环节应直接回应"研究得出了哪些结论？据此提出了哪些建议？"的问题，为读者提供明确的研究成果和实用建议。值得注意的是，不同学科和研究领域的"摘要"在内容和结构上并非一成不变，而是会根据论文的主体内容灵活调整。一般而言，学术论文的"摘要"应涵盖研究背景、研究目的、研究方法、研究结果及结论，以提供给读者全面且必要的信息，从而凸显该论文的学术价值和实践意义。

第三，一篇优质的学术论文"摘要"应当具备客观规范、表达简明、结构严谨和语义确切的特点。在撰写时，应追求完整性，确保"摘要"具有连贯的结构和完整的内容，以便于编辑在录入论文时直接使用完整的"摘要"，而非论文的节选部分。同时，准确性是不可或缺的，要求内容表达精确、数据精准，实验成果真实可靠。客观性同样是"摘要"撰写的重要原则，它要求"摘要"忠实于学术论文的原始内容，通过高度概括全文或研究内容后提炼而成，避免添加任何文学修饰或描绘细节，纯粹客观地呈现研究的实际情况。此外，简短性也是"摘要"的一大特点。由于"摘要"的目的是为读者提供文献内容的快速概览，以便迅速把握文章的要点或精髓，因此篇幅不宜过长，应尽可能精简明了，确保信息的有效传递。

第四，一篇学术论文的中文"摘要"一般控制在 300 字以内。中文"摘要"一般应具有独立性和自含性，即不依赖于正文就能完整传达研究的核心信息。在撰写时，宜采用"第三人称"的写法，避免使用"本文""笔者""本研究"等第一人称作为主语。同时，"摘要"应避免涉及本学科领域的常识性内容，且避免使用可有可无的关联词语、感叹词语与疑问词语，以保持内容的清晰和直接。特别应注意，学术论文的"摘要"不应包含引言部分的内容。

第五，学术论文的中文"摘要"一般只用文字表达，而不使用公式、图表、缩略语以及不规范的符号和术语。须按照一定的逻辑关系表达"摘要"的词意，应简明扼要，避免使用空泛、含混不清的词语。

第六，学术论文的英文"摘要"应与中文"摘要"的词意表达一致，最好是中英文一一对应，前后一致。英译"摘要"也要采用"第三人称"进行表述，且时态要与中文时态保持一致。

总而言之，学术论文中"摘要"的规范写作具有举足轻重的意义。一个规范的论文摘要不仅能使读者迅速把握论文的核心主旨，进而决定是否深入阅读；还能协助审稿专家有效节省审稿时间，提升审稿效率，从而为论文的采纳和意见评估赢得更多宝贵的时间。

2. 关键词表述规范

学术论文中的"关键词"是指从文章正文中提取出来的、词频较高且能充分反映文章主题的规范化单词或短语。在一篇学术论文中，"关键词"应在"摘要"之后、正文之前标示。作者在选择论文的"关键词"时，应当从以下五个方面进行考量[①]。

第一，学术论文中的"关键词"应源自原文，且与"摘要"相互补充、相得益彰。一般而言，"关键词"相当于一篇论文的基本信息。如果将论文比作一件商品，那么"关键词"便是它的标价、生产来源等。

第二，"关键词"应选取规范化的词组或短语。一般学术论文的"关键词"主要是由名词或名词性的短语组成，应避免使用不规范的生造词、分子式等词语。特别值得注意的是，由于动词的词性特征，通常应避免将动词作为学术论文的"关键词"。

---

① 张志刚. MPA 论文写作与研究方法[M]. 大连：大连理工大学出版社，2010：98-104.

第三，一篇学术论文中的"关键词"数量应以 3—8 个词组或短语为宜，这是由计算机存储分项和编制程序的限制所决定的。

第四，选取"关键词"时应注意，"关键词"之间通常不存在语法层面上的结构关系，应独立陈列。

第五，学术论文中"关键词"的排列顺序需遵循一定的规范。"关键词"的排列主要有两种方式：一是按照关键词在文章中出现的先后顺序依次排列，该方式较为常见；二是将意义相近的"关键词"相邻排列，虽不常见，但运用得当则能展现作者的匠心独运，为论文增添亮点。在"关键词"的规范编排上，我们一般遵循"上位词前置，下位词后置"的原则。具体而言，涉及研究目的、对象、范围、方法和过程的"关键词"往往被置于前列，而与研究结果、意义和价值相关的"关键词"则相对靠后。

3. 注释的表述规范

注释是对学术作品的某些内容所做的必要补充、解释和说明。注释的格式有严格的规范要求。首先，注码可以采用多种形式，包括阿拉伯数字（如"1，2，3……"）、汉字序号（如"[一][二][三]……"）、带括号的阿拉伯数字（如"[1][2][3]……"）、英文字母（如"a，b，c，d……"）、罗马数字（如"Ⅰ，Ⅱ，Ⅲ……"）以及特殊符号（如"*，**，***……"或"①②③……"）等。其次，在文中引用或需要注释的地方，注码应紧跟被注文字，并标注在相应文字的右上角。最后，当需要对某一章节或篇章的出处、作者进行特别说明时，通常采用"*"作为注码，并通常将其置于数字注码之前。注释的分类主要有三种：一是按注释的位置可分为脚注、尾注、夹注、边注；二是按注释的功能可分为出处注、内容注；三是按加注者可分为作者注、他人注。具体的注释类别及规范要求主要包括以下八点。

第一，脚注是指置于页面底部的注释。其位置紧挨正文之下，并以脚注线分隔。脚注按正文中出现的先后顺序排列，脚注线的长度应为版心宽度的四分之一。在排版上，脚注内容单列时从缩进两格处开始，转行时顶格对齐，句末加句号。脚注的注码编排宜全书统一或每页单独编号，且编号需与正文中的对应编号保持一致。脚注字号通常小于正文字号。

第二，尾注是置于文章末尾的注释。主要用于解释或说明文章中某句话或某段话的来源。当文章篇幅较长时，脚注通常作为主要的注释方式，而尾注则相对较少使用。在排版上，尾注上方应标明"注释"字样。各条尾注在单列时从缩进两格处开始，转行时顶格对齐，句末加句号。尾注的编号依据被注文字在文中出现的先后顺序进行连续编号，确保与正文中的编号一致。尾注字号通常小于正文字号。

第三，夹注是置于行文中的注释。夹注应紧接被注文字，注文应置于圆括号内，若注文本身已包含圆括号，为了避免混淆，则应将内部的圆括号替换为方括号。若夹注为完整句，注文应放在被注释句子的句号之后，且注文末尾应加句号；若夹注为非完整句，注文句末（后括号前）不加标点，但省略号、叹号和问号除外；夹注可以是一个自然段或多个自然段的详细解释，都用一对括号来明确标注其起止位置。如焦会银的《论教学限度》一文中"从速度上看，教学应循序渐进，既不能揠苗助长（教学节奏的过度），也不能怠缓拖沓（教学节奏的失度）"[①]。括号内的内容是对括号外的成语在教学中的解释和说明，内容短小且不构成一个句子，故没有使用标点符号。

第四，边注是置于版心一侧的注释。此类注释多见于书籍，如

① 焦会银. 论教学限度[J]. 教育学报，2022，18（3）：58-69.

《我们如何思维》①一书中，译者就以边注的形式对书籍部分内容进行了解释说明。

第五，出处注是用于标明正文中引用资料来源的注释。出处注的格式有三种，顺序编码制、注释—编号制和著者—出版年制。出处注应确保准确、完整，同一出版物应采用统一的出处注格式，其通常遵循参考文献的编写规范。

第六，内容注是对正文中相关内容进行解释、校订、补充和扩展的注释。如冯建军的《道德教育：如何面对陌生人》一文中的对小悦悦事件所编写的内容注，即是对文章内容进行的解释说明。

第七，作者注是著作中作者本人添加的注释。篇幅简短或与正文紧密相关的可用夹注形式，而内容较多且与正文相对独立的则宜用脚注或尾注形式。

第八，他人注即著作中非作者添加的注释。注文后需附破折号和注释者姓名。同时，应注意注释者后面不加句号。

4. 学术引文的规范

引文是指引用他人文献来表达或论证自己观点的词语、句子或段落，其形式可以是直接引语或间接引语。引文需与行文内容紧密相关，确保完整性和准确性，避免断章取义。引文应明确标注出处，并与正文内容流畅衔接。在引用关键词或原文时，应加引号；引用原意时则不加引号。提行引的引文不加引号，其字体字号与正文有所区别，且通常与正文上下空一行，整体左侧缩进两格。当省略与行文无关的内容时，应使用省略号标明；当省略多个段落时，则使用两个省略号。若引文本身已包含省略号，则后加的省略号应用"[]"标明。

---

① [美]约翰·杜威. 我们如何思维（第二版）[M]. 伍中友，译. 北京：新华出版社，2015.

5. 参考文献的规范

按照 GB/T 7714-2015《信息与文献 参考文献著录规则》的定义，文后参考文献是指："为撰写或编辑论文和著作而引用的有关文献信息资源。"根据《中国学术期刊（光盘版）检索与评价数据规范（试行）》和《中国高等学校社会科学学报编排规范（修订版）》的要求，很多刊物对参考文献和注释做出区分，将注释规定为"对正文中某一内容作进一步解释或补充说明的文字"，列于文末并与参考文献分列或置于当页尾注。

GB/T 7714-2015《信息与文献 参考文献著录规则》是一项专门供著者和编辑编撰参考文献所使用的国家标准。该标准非等效采用 ISO 690《文献工作、文后参考文献、内容、形式与结构》国际标准。该标准在著录项目的设置、著录格式的确定、参考文献的著录，以及参考文献表的组织等方面，均力求与 ISO 690 国际标准保持一致，旨在推动文献资源的共享。同时，该标准还分别规定了专著、专著中的析出文献、连续出版物、连续出版物中的析出文献、专利文献，以及电子文献的著录项目和著录格式。

第一，专著著录格式

主要责任者.题名:其他题名信息[文献类型标识/文献载体标识].其他责任者.版本项.出版地:出版者,出版年:引文页码[引用日期].获取和访问路径.数字对象唯一标识符.

示例：

[1] 钟启泉.核心素养十讲[M].福州:福建教育出版社,2018:23.

[2] 陈登原.国史旧闻:第一卷[M].北京:中华书局,2000:29.

第二，专著中的析出文献著录格式

析出文献主要责任者.析出文献题名[文献类型标识/文献载体标

识].析出文献其他责任者∥专著主要责任者.专著题名:其他题名信息.版本项.出版地:出版者,出版年:析出文献的页码[引用日期].获取和访问路径.数字对象唯一标识符.

示例:

[1] 马克思.关于《工资、价格和利润》的报告札记[M]∥马克思,恩格斯.马克思恩格斯全集:第44卷.中共中央马克思恩格斯列宁斯大林著作编译局译.北京:人民出版社,1982:505.

[2] 程根伟.1998年长江洪水的成因与减灾对策[M]//许厚泽,赵其国.长江流域洪涝灾害与科技对策.北京:科学出版社,1999:32-36.

第三,连续出版物著录格式

主要责任者.题名:其他题名信息[文献类型标识/文献载体标识].年,卷(期)一年,卷(期).出版地:出版者,出版年[引用日期].获取和访问路径.数字对象唯一标识符.

示例:

[1] 中国地质学会.地质论评[J].1936,l(1)-.北京:地质出版社,1936-.

[2] 中国图书馆学会.图书馆学通讯[J].1957,(1)-1990,(4).北京:北京图书馆,1957-1990.

第四,连续出版物中的析出文献著录格式

析出文献主要责任者.析出文献题名[文献类型标识/文献载体标识].连续出版物题名:其他题名信息,年,卷(期):页码[引用日期].获取和访问路径.数字对象唯一标识符.

示例:

[1] 李松林,贺慧,张燕.深度学习究竟是什么样的学习[J].教育科学研究,2018,(10):54-58.

[2] 郭元祥.论学习观的变革:学习的边界、境界与层次[J].教育研

究与实验,2018,(1):1-11.

第五，专利文献著录格式

专利申请者或所有者.专利题名:专利号[文献类型标识/文献载体标识].公告日期或公开日期[引用日期].获取和访问路径.数字对象唯一标识符.

示例：

[1] 姜锡洲.一种温热外敷药制备方案:88105607.3[P].1989-07-26.

[2] 彭庆东.一种新型小学语文教育装置:CN201620227694.7[P].2016-09-21.

第六，电子文献著录格式

主要责任者.题名:其他题名信息[文献类型标识/文献载体标识].出版地:出版者,出版年(更新或修改日期)[引用日期].获取和访问路径.数字对象唯一标识符.

示例：

[1] 兰国帅,杜水莲.数字化转型赋能学生未来高等教育学习体验：宏观趋势、技术实践和未来场景——《2023 年 EDUCAUSE 地平线报告（学生整体教育体验版）》要点与思考[J/OL].阅江学刊,1-9[2024-05-26].https://doi.org/10.13878/j.cnki.yjxk.20240029.001.

[2] 兰国帅,杜水莲,宋帆,等.生成式人工智能教育的工作机理及监管框架构建研究[J/OL].西北工业大学学报(社会科学版),1-8[2024-05-26].http://kns.cnki.net/kcms/detail/61.1352.C.20231222.1504.006.html.

简而言之，学术论文中参考文献的格式是否规范，直接体现了论文写作的严谨性与专业性。参考文献作为学术论文中不可或缺的部分，与正文共同构成了科学研究的完整展示。它不仅揭示了论文在学术领域的继承与发展关系，提供了坚实的科学依据，还体现了作者的科学态度与品质，更反映了论文本身的学术价值及深层内涵。因此，明确并遵循参考文献的写作规范与格式，具有重要的学术与情报价值。

（二）学术规范的理论规范

学术规范的理论层面，亦可理解为逻辑层面，其核心在于规范逻辑思维与创造性等方面的内容。这涵盖了学术缘起、问题意识、已有研究、个人独创和理论发展等，旨在确保在已有研究的基础上能够发现新的问题，进而实现思想的深化和学术理论的创新。因此，创新性、真实性、科学性是学术论文理论层面中必须遵循的基本学术规范。

1. 创新性

严谨的学术论文在开篇之际，应当详尽阐述与本研究紧密相关的学术史脉络。这包括前人在此课题上取得的显著成就，当前研究领域的最新进展，以及尚存的不足之处。同时，必须明确阐述自己的研究与前人成果之间的传承关系，或是揭示本研究的新颖之处与独特贡献。这一部分的撰写应基于作者独到的视角、深刻的见解和创新的思考，旨在聚焦最前沿、最具价值的研究问题，展现出论文的思想性、理论性和现实意义，使读者能够迅速把握研究的核心价值，并从中获得启发和收获。例如，在《新中国初期苏北农村妇女教育研究（1949—1956）——以江苏泰兴为例》[①]这篇论文中，开篇之时，作者就已提及该篇论文中的创新之处。一方面，在研究观点上，这篇论文从宏

---

① 杨方. 新中国初期苏北农村妇女教育研究（1949—1956）——以江苏泰兴为例[D]. 扬州大学, 2021.

观、中观与微观三个层面，探讨新中国初期这一历史大背景下教育规制、社会运动以及价值观念变迁对农村妇女解放的意义，其中尤以微观视角即通过具体个案，解析农村妇女所受学校、家庭、社会教育情况进而总结可资借鉴的经验，这在既有研究中少有涉及。另一方面，在研究内容上，文章拓展了妇女教育研究的范围，妇女教育研究以往多集中在学校教育、社会教育层面，而社会教育又主要聚焦于识字扫盲运动，其他教育活动少有关注，因此这篇论文将传统意义上的社会教育拆分为识字扫盲教育、一般社会教育以及妇女干部教育，在突出研究主题的同时还拓宽了妇女教育研究的视野，实现了研究内容的创新。

2. 真实性

真实性同样是学术规范中不可缺少的一大特性，剽窃、捏造和篡改是科学研究的不端行为。学术界公认的作为常识之外的任何思想、观点、方法、论据等都应在论文中用适当的方式标明出处，凡是没有标明而照搬他人已发表或未发表成果，将之据为己有的，都是极不道德的剽窃行为。剽窃行为不仅侵犯了原创者对成果的所有权，否定了原创者的学术名誉，而且违反了《中华人民共和国著作权法》。例如，某大学 2007 年的一篇硕士学位论文，与另一大学 2006 年的一篇硕士学位论文惊人地相似，经过比对发现两篇论文整体框架完全一样，只是修改了省份，并将部分统计指标顺序进行略微改动。这样的论文严重违反了学术规范中的真实性要求，不能称之为一篇真正的学术论文，而是一种学术造假现象。

3. 科学性

科学性是学术论文的根本，主要体现在研究思路和研究方法上。

如果思路不正确或研究方法不科学，那么所得结论便难以具备科学性和学术价值。学术规范中的科学性，要求作者在立论上不得带有个人好恶的偏见，避免主观臆断，而是应当从客观事实出发，推导出贴近实际的结论。在论据的选择上，作者应广泛搜集资料，以充足、确凿、有力的论据作为立论的有力支撑。而在论证过程中，则需要经过深思熟虑，确保论证的严谨与周密。例如，在《战后日本女子高等教育的变迁：性别平等的视角》[①]中，作者以女性主义的视角观察战后日本高等教育发展的历史，发现性别平等与女子高等教育之间有着非常紧密的内在联系。基于此，文章从提出的四个基本问题出发，即第一，战后日本女子高等教育基于什么样的性别平等观念发展起来的？第二，战后日本女子高等教育是如何落实性别平等的？第三，战后日本女子高等教育在促进性别平等方面都发挥了什么样的功能？第四，影响战后日本女子高等教育促进性别平等的主要因素有哪些？并以日本女子高等教育与性别平等之间的作用关系为横轴，以作者所支持的历史分期为纵轴建立分析框架，借助女性主义理论及女子高等教育的相关理论，系统地分析和论述了战后 70 余年日本女子高等教育的变迁和女性接受高等教育的过程。整篇论文立论明确，脉络清晰，体现了学术论文写作的科学性。

（三）学术规范的行为规范

学术规范建设不应仅停留在学术职业伦理的探讨或原则性声明的层面，而应当细化到具体的行动方案，确保学术工作者能在实践中精准把握并执行良好学术工作的各项细节。学术规范在实践层面包括成

---

① 杨阳. 战后日本女子高等教育的变迁：性别平等的视角[D]. 东北师范大学，2020.

果发表的基本规范和成果署名的基本规范两个方面。

1. 成果发表的基本规范

学术成果是指人们通过科学研究活动，如实验观察、调查研究、综合分析、研制开发、生产考核等一系列脑力和体力劳动所取得的，并经过同行专家评审或鉴定，或在公开的学术刊物上发表，确认具有一定的学术意义或实用价值的创新性结果。其主要发表途径是学术出版和学术报告，作为学术发布与传承的正规方式，受到法律的保护。然而，研究结果的发布很容易引起争议，对此，在公布研究结果方面，研究者应遵循专业领域惯例，保持科学严谨的态度并遵守相关的学术规范，自行审慎判断何时、何地、如何公开其研究结果，并对此负责[①]。具体规范如下。

第一，研究成果在发布之前，应当首先经过严格的同行评议程序，或在科学共同体内进行其他形式的深入交流。研究者应避免出于追求研究发现的优先权或轰动效应的目的，而直接向新闻媒体或公众发布研究成果。

第二，尊重学术期刊的首发权，在投稿后和正式发表前，应当对稿件内容保密。

第三，不得将同一篇报告研究成果的手稿，或基于相同数据资料且仅有细微差异的手稿，同时投递给两个或以上的出版单位（即一稿多投）；只有在收到首次投稿出版单位的拒稿通知或已超过其规定的审稿期限后，才可以转投其他出版单位。若要将一份已投出的手稿转投其他出版单位，必须向原接受投稿的出版单位正式申请撤回手稿，

---

① 巫锐，秦惠民. "行规"约束：德国学术规范建设的启示[J]. 高等教育研究，2020，41（8）：101-109.

并在得到确认通知后，方可进行转投①。此外，若手稿由多位作者共同完成，在决定转投前，必须确保所有作者对此达成一致意见。

第四，通常不建议对已发表的作品进行二次投稿，也不应将多篇作品的部分内容拼凑成新的手稿后再次投稿（重复发表）。如果约定再次发表或以另一种语言发表同一份手稿时，须事先得到有关出版单位的明确许可，并遵守其相关规定②。若出于扩大影响等目的需重新发表或出版论文、专著，应在再次发表的文献显著位置明确阐述原因，并清晰地标注原始文献的出处。

第五，不应出于增加发表数量或解决作者排名等目的，而违反研究工作的系统性、科学性、完整性和逻辑性。刻意拆分一项研究为多个可发表的较小单元，不仅牺牲了论文的质量，也违背了科研诚信的原则。

第六，凡接受资助的研究项目，在其最终成果发表时，应当以适当方式标注资助来源，但有关资助单位禁止标注的除外。

第七，若需大量引用他人的文字、数据，或复制他人已发表的图表，必须事先取得版权所有者的许可。

第八，对于在论文中提及或在文内照片中能够识别的个人，应事先获得其关于姓名、照片被使用的书面许可。

第九，科研成果和学术成果应具备高度的可验证性。一旦在已发表的成果中发现存在疏漏或错误，作者有责任采取适当的纠错和补救措施，如勘误、补遗或者论文撤回。

第十，应遵守有利后续研发原则。在完成所承担的国家和单位科

---

① 张玲. 署名权主体规则的困惑及思考[J]. 中国法学，2017，（2）：103-125.

② 王少. 出版物不当署名的治理现状、不足及对策[J]. 出版发行研究，2021，（6）：62-69.

研课题或科技项目后，不得故意隐瞒关键技术或者资料，也不得妨碍后续研究与开发。技术成果的完成者有责任确保本单位能全面、高效地利用该技术成果，同时严禁非法将研究成果（包含专利）占为己有。

第十一，在投稿后，作者必须严格遵循学术出版单位的评审流程，严禁对审稿人或编辑进行任何形式的干扰，包括但不限于利诱、贿赂或威胁，以确保评审决定的公正性和客观性。

2. 成果署名的基本规范

成果署名不仅承载着著作权的归属，也表明研究工作的责任人和相关问题的受理人，同时也是研究者在学术界科研产出和学术水平的直观体现。因此，对于文章的作者署名，我们必须以实事求是的态度，审慎对待。具体规范如下。

第一，凡具有以下任一条件的研究者都可以作为论文的作者，享有署名权：①对课题的构思和设计，或对数据的分析和解释做出重要贡献者；②起草文稿，或是修改文稿的思想内容者；③作为文稿最终版本的思想和文字的最终责任者。在研究中提供经费、材料、资料或协助数据收集的人员，若未对研究内容做出实质性的智力贡献，通常不列为作者，但他们的贡献可通过另外的方式给予承认，如通过注释或致谢予以说明[①]。应当被列为作者的人员，其署名权不应以任何理由被剥夺，除非本人主动要求或涉及保密事宜。对于其中丧失行为能力或去世者，仍然应当被署名为作者。

第二，署名不应受到职位、职称、学历等外部因素的干扰。任何人都不得以掌握科技资源和条件（如研究经费、奇缺实验试剂、精良

---

① 邬加佳，余菁，吴秋玲，等. 科技期刊论文不当署名的特征分析及风险防范[J]. 编辑学报，2021，33（3）：292-296.

实验设备或难以公开检索到的资料等)为手段，迫使那些因资源不足而与其合作的科研人员"自愿"或被迫放弃署名权[①]。

第三，在发表或公布成果时，严禁冒用他人姓名。禁止为了提高作品或成果的发表、出版、获奖机会等目的，而擅自将他人列为作者或成果完成人。坚决反对虚构作者、荣誉作者、互惠作者和权势作者等任何形式的署名不当行为。每位研究者的署名应当基于其在研究中所作的实质性贡献。

第四，在涉及高级别课题或交叉学科研究时，由于研究团队的协作性质，署名顺序尤为重要。研究成果的署名顺序应当基于所有作者或成果完成人的共同决策，确保公平合理。通常，这一顺序可以根据每位成员对成果的实际贡献大小来排序，或者遵循学科领域内普遍认可的署名惯例[②]。

第五，所有作者或成果完成人都有责任事先审阅并明确表示同意发表任何署有其姓名的成果，并对其中自己所完成或参与的部分工作负责。

第六，署名应使用真实姓名以及真实的工作单位，以示文责自负。每个作者都应有对应的通信地址。若在论文发表前作者更换了地址，应在脚注中明确标注新的通信地址。两个以上作者，应按照作者名单的排列顺序，逐一列出每位作者的通信地址，并在地址后附上准确的邮政编码。除非作者有特殊需求，希望保持匿名或尽可能保密，否则必须提供全名及完整的地址信息。作者工作单位应写全称，例如

[①] 覃楚翔. 现行《著作权法》背景下作品署名推定结果的困境与对策[J]. 科技与出版，2022，（10）：114-120.

[②] 马英敏，田文灿，曹仁猛，等. 科技论文中通信作者和末位作者重要性的比较[J]. 中国科技期刊研究，2021，32（7）：910-916.

"中国科学院地球物理研究所"不能写为"中科院地球所"。[①]

第七，外文稿件的署名应遵循国际标准。例如，中文名译成外文时，必须使用汉语拼音进行拼写，姓氏和名字分开书写，且每个词的开头字母需大写等。

总之，在学术研究过程中，学术规范的价值与作用无可替代。一是学术规范凸显了学术研究的核心价值，使学术活动得以规范化、制度化和专业化。二是学术规范有助于促进学术积累和创新，强调对学术史的研究和学术传统的传承，从而推动学科发展。三是学术规范对于解决学风建设问题至关重要，能够规约和惩处学术研究中的不良行为。严格遵守学术论文中的各类学术规范，是论文写作的基础工作，应当在学术研究过程中予以高度重视。

二、学术论文中的学术写作规范示例

一篇标准的学术论文，通常由题目、摘要、引言、正文和参考文献五部分组成。每一部分都有对应应当遵守的学术规范，以下将逐一阐述这些规范，并辅以具体论文示例进行分析，以加深理解。

（一）学术论文题目的写作规范

题目是一篇论文的核心、统帅和灵魂，是读者了解、认识论文的起点，也是审稿人评估论文选题意义的切入点。题目直接体现了作者的观点与意图，明确了研究问题的方向，从而确立了整篇论文的主题。论文题目是否规范直接影响读者的阅读以及审稿人对论文价值的

---

① 张玲. 署名权主体规则的困惑及思考[J]. 中国法学，2017，（2）：103-125.

判断。论文题目的拟定应遵循以下几点规范。

1. 论文题目应简明扼要

论文的题目作为研究的核心标识，既要能激发读者的好奇心，又要能清晰揭示论文的主旨，奠定全文基调。它是作者对研究焦点的凝练表达，力求精准且引人注目，避免空泛、冗长和繁琐，让读者能迅速把握研究意图。在撰写上，中文题目应控制在 20 字以内，英文题目则宜保持 10 个实词左右。

以《高职扩容与人工智能迭代：冲突还是耦合？——兼论高等职业教育变革逻辑及创新路径》①为例，此论文题目中出现了"高职扩容""人工智能迭代"以及"高等职业教育变革逻辑及创新路径"三个主要名词，论文题目过长且难以把握重点。

再以《大力发展普惠性幼儿园是解决入园难入园贵的根本》②这篇论文为例，我们能从题目中轻松把握作者的观点，即如果我们想要解决入园难、入园贵的问题，就要发展普惠性幼儿园。一针见血，直接点题，是一个较好的论文题目。

2. 论文题目应确切有特色

题目设计应准确地表达论文的特定内容，实事求是地反映研究的范围和深度，防止大题小做，名不符实。题目应突出论文的特异性、新颖性，避免套用"××××的研究"，或频繁使用"研究""探讨""体会"等词。题目类型可多样，包括目的、对象、方法或结论等，适当运用"研究""探讨""观察""分析"等词。

---

① 王俊杰. 高职扩容与人工智能迭代：冲突还是耦合？——兼论高等职业教育变革逻辑及创新路径[J]. 浙江社会科学，2022，（3）：99-106+159.

② 冯晓霞. 大力发展普惠性幼儿园是解决入园难入园贵的根本[J]. 学前教育研究，2010，（5）：4-6.

3. 论文题目应有可检索性

论文题目应满足学术交流和信息传递的需要，用词严谨规范。对于教育领域中的专有名词、教学方法、教学模式等，应避免使用俗称、习惯用语或旧名词，而应严格遵循学术界广泛认可的界定标准。

4. 论文题目应避免使用标点符号和副标题

论文标题结尾一般不使用句末标点符号，除非特殊需要可以使用问号或叹号；标题中间可以使用句中点号，如逗号、顿号、冒号等。副标题是对主标题的补充说明，若主标题已能完整表达论文的主旨，则无须额外添加副标题。

以《透析××教学："评价原理"的"认识""应用"与"启示"》为例，此论文题目使用了冒号和双引号，无论是为了引出下文还是解释说明，冒号放在此处都是不合适的，反而会干扰读者。通读全篇可以发现作者想要表达的其实就是"数学课堂评价原理的认识、应用与启示"，完全可以省去不必要的标点符号。

又以《幼儿园普惠性课后托管服务：必要性与影响分析——来自发达国家相关经验与研究的启示》①为例，使用冒号来解释说明此研究的中心是幼儿园普惠性课后托管服务的必要性与影响而非其他，破折号解释了此研究借鉴了国外的相关经验。这些标点符号的使用能够增强题目的清晰度和准确性。

5. 论文题目应避免用数字开头

在撰写论文标题及副标题时，应避免使用数字开头。应调整语序，确保数字置于句中，并统一使用阿拉伯数字。

---

① 彭傲楠，曾家延. 幼儿园普惠性课后托管服务：必要性与影响分析——来自发达国家相关经验与研究的启示[J]. 学前教育研究，2022，（6）：7-19.

（二）学术论文摘要的写作规范

摘要是以提供文献内容梗概为目的，不加评论和补充解释，简明、确切地记述文献重要内容的短文[①]。摘要主要反映论文的核心观点和学术价值，是整篇文章的浓缩精华版，使读者能够迅速把握文章的重点和核心思想。摘要不仅是整篇论文的缩影，也是文章的精华所在，故而摘要的写作非常重要。在撰写时，应使用简洁、明确、易于理解的语言，对论文内容进行概括总结，既便于读者评估论文的阅读价值，又利于文献的检索与汇编。通常，摘要的字数控制在 300 字左右，以确保内容的凝练和完整性，避免过长导致冗长，或过短造成信息不足。在撰写过程中，应把握文章主干，去除次要信息，以有效呈现文章的核心观点。同时，摘要应遵循客观性、规范性、独立性、简明性、协调性和等值性的六大特征，以符合学术规范。

1. 客观性

摘要的客观性是指在撰写论文摘要时，要在保持原文基本信息和格调的基础上如实复述原文的内容，客观、实事求是地反映该领域的研究程度[②]，不对论文做主观性的评价和解释，不通过"自我表扬"来夸大研究成果。论文摘要的客观性要求我们以第三人称身份的陈述性语气来进行叙述，尽量避免使用"本文""本研究""我""笔者"等第一人称主语。

---

① 国家标准委员会. 学位论文编写规则[EB/OL]. （1986-06-14）[2022-07-22]. http://openstd.samr.gov.cn/bzgk/gb/newGbInfo?hcno=8713727404B8704955E5CAF11EE3EB59.

② 胡舜. 社科论文摘要撰写存在的问题与写作要求探讨[J]. 怀化学院学报，2007，26（3）：126-128.

2. 规范性

摘要的规范性是指要采用规范化的名词术语，应有紧凑的结构，尽量减少或避免分段，独立成章。对首次出现的生僻缩略语，应使用括号进行注释。在摘要中，一般不出现插图、表格、参考文献序号，以及数学公式和化学结构式①，通常使用正常表述文字。若某些专业符号如科技术语、专有人名、译名等必须在摘要中出现，则必须确保它们符合国际标准或国内标准，以确保信息的通用性和准确性。此外，在文字表达上，应符合"语句通顺、结构严谨、标点符号准确"的要求，同时应遵循现代汉语的语法规则、修辞规则与逻辑规则。

3. 独立性

独立性，也称之为完整性，意味着论文摘要应独立成文，自成一体。它不是论文正文的一部分，也不是引言或导言的延伸，更不是对正文某一个问题的补充。论文摘要本身具备信息的自含性，可以独立存在，甚至作为单独的作品发表②。学术论文摘要主要包含问题陈述、研究对象、研究目的、研究方法、研究结果、研究结论、研究结论的价值、研究建议这八个要素。所以，在撰写学术论文摘要时，务必使用简洁的语言将这八个要素完整地呈现出来，以清晰、准确地表明论文的含义。此外，英文摘要一般应与中文摘要相对应，作为对论文全文的全面而精确的概括，确保与原文的一致性。

4. 简明性

摘要的简明性强调的是在有限的篇幅内（通常 200—300 字），

---

① 高建群，吴玲，施业. 学术论文摘要的规范表达[J]. 东南大学学报（哲学社会科学版），2003，5（2）：114-117.

② 程慕青. 社科类研究生如何写好论文摘要[J]. 黑龙江教育（理论与实践），2017，（9）：11-12.

以精准、凝练的语言提炼并阐述论文的核心观点。它要求语言简练，语义清晰，语法规范，确保信息传达的高效与准确。这一特性要求作者具备深厚的文字驾驭能力，能够迅速捕捉并提炼文章的关键信息，用简练的文字先声夺人，有效地吸引读者的注意力。

5. 协调性

论文摘要的协调性主要体现在其逻辑的严密与连贯，它应当与论文的主体内容相互呼应，相得益彰。然而，在某些情况下，一些文章的摘要却未能充分展现出这种逻辑的连贯性和内容的协调性。

6. 等值性

国际标准化组织在《ISO 214—1976(E)文献工作——出版物的文献和文献工作》指出："文献应该具有自含性，但必须保持原文献的基本信息与格调。"其中，"基本信息与格调"指学术论文摘要的等值性，即摘要与原文在价值含量上的对等。尽管摘要从原文的母体脱胎而来，在文字量上无法与原文相比拟，但在价值含量上，摘要与原文应是等同的。鉴于对学术论文摘要的等值性要求，摘要的内容应包括研究问题、研究背景、研究路径、研究结果和结论建议。

这里，我们以《校园欺凌与学校归属感的相关效应：来自新教育实验的证据》[①]为例。该论文摘要如下："减少校园欺凌行为、提升学生的学校归属感，是杜绝校园欺凌事件的主要着力点。通过对新教育实验学校与非新教育实验学校进行配对抽样，采用问卷调查的方法分析并比较校园欺凌、学校归属感的现状以及相关效应，研究发现，参与调查的学生遭受校园欺凌的频次较低，其学校归属感整体较强。

---

① 杨帆，俞冰，朱永新，等. 校园欺凌与学校归属感的相关效应：来自新教育实验的证据[J]. 课程·教材·教法，2017，37（5）：113-120.

校园欺凌与学校归属感存在显著的负相关，两者对学生的学习表现有显著的影响。新教育实验所创设的理想校园令学生更少地遭受校园欺凌，增强了学生的学校归属感，对学生学习表现的积极影响显著且稳定。确立与新教育实验精神相通的学校宗旨，借鉴新教育实验思想和实践，对学生的校园学习与生活有积极的影响。"其中摘要的第一句就首先点明了作者的研究主题"校园欺凌""学校归属感"的重要研究意义以及研究目的；其次说明了研究方法为"配对抽样""问卷调查"，紧接着描述了"参与调查的学生遭受校园欺凌的频次较低，其学校归属感整体较强，二者之间呈现显著的负相关关系"的研究结果；并在此基础上总结出研究结论——"新教育实验所创设的理想校园令学生更少地遭受校园欺凌，增强了学生的学校归属感，对学生学习表现的积极影响显著且稳定。"此外，摘要还点明了研究结论的价值——"确立与新教育实验精神相通的学校宗旨，借鉴新教育实验思想和实践，对学生的校园学习与生活有积极的影响。"这篇论文摘要在字数上严格遵循了学术写作的要求，以简练的语言精准地概括了论文的中心思想。其结构完整，涵盖了问题陈述、研究目的、研究方法、研究结果以及研究结论等关键要素，整体论述清晰流畅，语言简洁而富有凝练，独立性较强。整体而言，这篇摘要给人以耳目一新的感觉，不仅言简意赅，而且重点突出，真正实现了"麻雀虽小，五脏俱全"的摘要写作典范。

（三）学术论文引言的写作规范

引言又称前言或导语，作为学术论文的开头语，其目的是向读者阐明研究的初衷和背景，引导读者深入理解论文的精髓。它不仅是吸引读者兴趣的关键，也是帮助读者迅速把握论文核心、识别创新点的重要途径。对于评判一篇学术论文的价值和实用性而言，引言的作用至关重要。引言的写作质量，对评阅者对论文整体及其学术水平的评价具有直接影响。若引言写作不当或未能充分展现论文的创新性和科学性，可能会使审阅者失去对论文内容的兴趣，对论文的学术价值产生疑虑。更糟糕的是，这可能导致一篇精心撰写的学术论文因"引言"不佳而失去发表在高水平科技期刊的机会，进而影响到科研成果的广泛传播和应用，最终阻碍科学技术转化为生产力的步伐。因此，引言的规范书写至关重要。下面我们介绍学术论文引言写作的四个规范。

1. 扣题宜"紧"

引言是阅读学术论文的起点，其关键作用是为读者打开一扇门，推开一扇窗，指引读者领略沿途"风景"。无论是开篇叙背景、说意义、讲故事、引经典，还是说目的、列依据、作总结，都必须围绕主题、紧扣主题、直击主题。避免偏离主题，切忌云山雾绕，下笔千言，离题万里。

例如，论文《"喻"：教学方法论的灵魂》[①]引言："'喻'是《论语》《学记》《大学》等诸多经典所反复阐发的精辟教育之'道'，值得我们深入挖掘、探索与领悟。国内外学者从语言学、逻辑学、教育学等学科和视角对'喻'的功能与价值所做的相关探讨，可以为教育教学的理论和实践提供必要的借鉴及启示。但是，从总体上看，教育学领域关于'喻'的思想探索尚未达到与其历史地位相匹配的水平和高度。'喻'的教育学理地位、方法论价值、现实彰显路径等一系列根本性问题，一直处于被遮蔽和忽视的状态。鉴于此，本

---

① 张广君，葛海丽，宋文文. "喻"：教学方法论的灵魂[J]. 课程·教材·教法，2022，42（1）：47-55.

文试从生成论教学哲学（Generative Teaching-learning Philosophy，GTP）的理论立场，整体解读'喻'的教育学意涵，深入挖掘其教育教学方法论意蕴，探寻、订正和丰富其思想内涵、精神特质及教育意义，以期为中国特色教育理论的系统构建与实践发展提供富有时代意识，历史思维和跨文化理解的有益思想借鉴。"通过题目得知，该论文的主题即为一个"喻"在教学方法论中的重要意义，因此作者在引言的开始先指出"喻"在中国古代教育史中的独特地位，紧接着说明当前国内外对"喻"的研究虽然成果累累，但也存在理论视角局限、研究不充分等问题，这正是该文撰写的动因，也凸显了该文的重要性和必要性。最后，作者从全新的生成论教学哲学的研究立场，整体解读"喻"的教学内涵，针对现存问题做出了独到的见解，整个引言紧扣主题"喻"字，也使人读后对该文的研究目的和研究意义豁然开朗。

2. 节奏宜"快"

引言好比通向大厅的"过道"，过道太长容易使人丧失兴趣。因此，引言宜短小精悍，以最少文字、最快速度切入主题，简洁明了、一针见血，不能"千呼万唤始出来，犹抱琵琶半遮面"。

在论文《试论教材的功能定位》[①]的引言部分："教材该怎么编、怎么用，很大程度上取决于教材的功能定位。20 世纪 80 年代以前的中小学教材，大都以知识的讲述为主，体现的主要是知识传承功能；从 20 世纪 90 年代开始编写的义务教育教材，观察、思考、讨论等活动逐渐增多，愈益重视探究引导功能。随着课程改革的不断深化，教材的功能越来越丰富，深入研究和准确把握教材的功能定位，

---

① 赵占良. 试论教材的功能定位 [J]. 课程·教材·教法，2021，41（12）：4-10.

对于教材编写和使用都具有重要意义。"作者首先以一句话点出教材的功能定位对于编教材、用教材的重要意义，然后用极短的篇幅概括20世纪80年代和90年代教材的主要功能，随即引出"在课程改革的当下，教材的功能愈加丰富，应对教材的功能进行定位"的主题。这一主题的引入既直接又富有意义，简洁明了地指向了教材功能定位的重要性。

3. 引力宜"强"

在审美层面，好文章的开头如同"凤冠"，生动有趣、饶有韵致。开头写好了，如同赢得一个"头彩"，能吸引读者继续阅读。好的引言善用创新手法，捕捉声、色、味、形、意、情，为读者呈现一道色香味俱佳的文学盛宴，令人垂涎欲滴，进而激发出读者"品尝"的渴望，使他们尽情享受阅读的乐趣。

在论文《陶西平教育思想：形成、内涵与价值特征》[①]的引言部分，作者指出："教育思想是教育参与者深入实践进行深刻思考的结果，其中蕴含了对现实的描述和判断、对价值内涵的认识、基于现实思考得到的观点和态度、进而改进思维逻辑和行动及行为有效性的检验等诸多要点，一直以来被学者们奉为重要的理论资源。我国学者常常对卓越人物进行思想探究，所选取的教育思想家不外乎两类：'一是专业的教育学家，二是在兴办各级各类教育中有影响的教育家。'但同时，还有一类思想家，他们是指导多项实践并推动多领域发展的教育领军人物，这类人物的思想看似逻辑体系不够严密，但事实上，丰富的经历恰恰使他们拥有更为广阔的文化视野及更加深刻的文化内涵，别样的理论视角、敏锐的学术直觉及对多个学科透辟的体认常常

---

① 张熙，蔡歆. 陶西平教育思想：形成、内涵与价值特征[J]. 教育科学研究，2022，（6）：38-44.

为教育领域带来新鲜的空气，为教育事业提供独特的变革路径。他们的思想亦是极具生命力的理论'智库'，等待着我们进行深度挖掘与解读。陶西平先生就是其中的一位。"作者首先明确指出本文的研究焦点是教育思想，而非其他领域。随后，作者梳理了我国当前对教育思想家研究的一般分类：一类是专注于教育领域研究的专业教育学家，另一类则是在推动各级各类教育发展中产生深远影响的教育家。最后引出该篇论文所写的"主角"陶西平先生，并说明陶西平先生并不在上述两类思想家中，从而设置悬念，使读者对陶西平先生的教育思想产生了极大的好奇与阅读兴趣，从而促使他们继续深入阅读。

4. 粘性宜"好"

引言是处于标题和正文之间的一段文字，它具有畅通文意、贯通思路、理清脉络、承上启下的功效。好的引言如同一剂强力胶、一座桥梁、一个榫卯，将不同意义单元巧妙地融合在一起。好的引言向前与主题呼应，向后与正文链接，环环相扣、粘连紧密、顺畅通达，让读者读到上文，便预知下文。

例如，论文《再论作为"人"的教师和作为"教师"的人》[①]的引言："多年来，笔者一直在关注教师发展问题，曾先后在有关文章中讨论过作为'人'的教师与作为'教师'的人等问题，旨在追求以'师'化'我'、以'我'融'师'、'师''我'合一的融通教师发展境界。但是，随着科技快速发展及其带来的社会剧变，教师所扮演的角色早已与今非昔比。新时代，信息技术与人的结合越来越紧密，教师角色边界由封闭变得具有更多的可能性，正在经历由'硬边界'瓦解到'软边界'重构的变迁。'软边界'将不可避免地致使教

---

① 明庆华，赵鹏. 再论作为"人"的教师和作为"教师"的人[J]. 教育科学研究，2022，（4）：12-18.

师角色出现模糊性和交叉性，须对教师角色加以融合和组织，梳理出教师角色发展的现实逻辑。笔者认为，教师首先是人，要活得像人；然后才是教育者，在教育的土壤中生根发芽，从'传道、授业、解惑'的职业角色出发，并与时俱进，不断创新教师角色的丰富样态。"初读题目时，读者可能对"作为人的教师"和"作为教师的人"的含义与区别不甚理解，从而可能会影响读者对正文内容的理解和吸收。因此，作者在引言中阐述了二者的含义，并进一步明确了该文的核心观点：教师首先应是一个完整、独立、有尊严的人，然后才是一个承担着教育使命的教育者，二者有先后顺序之分。这有助于正文部分的展开，在正文和题目间架构了一座沟通的桥梁。

（四）学术论文正文的写作规范

学术论文的正文是其核心与灵魂，也是反映论文作者水平高低的一面镜子。在正文部分，作者不仅要详尽阐述个人观点，还需进行严密的逻辑论证，确保结论的坚实可靠。相较于摘要、引言等部分，正文的写作更具灵活性和多样性，允许作者根据研究内容和个人风格自由发挥。然而，这种灵活性并不意味着可以随心所欲，相反，正因为正文是论文的基石，更需严格遵循学术规范，确保论述的严谨性和可信度。下面以《我国农村小规模学校教师队伍建设研究》[①]为例进行讲解。

1. 内容明确，态度端正

"内容明确，态度端正"听起来平凡无奇，却正是优秀学术论文诞生的基石，这一核心要素却往往为众人所忽视。端正的态度，能够

---

① 刘善槐，王爽，武芳. 我国农村小规模学校教师队伍建设研究[J]. 教育研究，2017，38（9）：106-115.

驱使学者恪守学术诚信，条理清晰地阐述己见，进而铸就一篇佳作；反之，若态度敷衍，则写作时易陷入敷衍塞责的境地，以复制粘贴为能事，以抄袭为捷径，观点重复而无新意，仅为凑足篇幅而颠三倒四。一篇真正符合学术规范的论文，其正文内容应如同其题目一样，清晰阐述主旨，彰显出作者严谨的学术态度和深厚的学术修养。

例如，《我国农村小规模学校教师队伍建设研究》正文共有三部分，分别是"农村小规模学校教师的独特群体特征""农村小规模学校教师队伍建设的多重攻坚难点"以及"农村小规模学校教师队伍建设的改革路径"。各部分的小标题都点明了该部分的内容主旨，并且明确表达了作者在研究过程中总结出的问题、观点和解决方法。虽然文章篇幅不长，但是字字珠玑，绝非为了凑字数而随意堆砌。学者们通常都深知学术规范的重要性，鲜少会犯下此类低级错误，但是学生经常会出现这类错误，故在此着重强调此点。

2. 数据真实，来源可靠

无论学术论文是否优秀，其中所含的实验数据一定要真实可靠。我们不得不承认近年来，一些学生、学者为尽快产出论文或加强文章可信度，跳过真实的调查实验，直接伪造一些对自己持有观点有利的数据，这种学术不端的行为不仅令人不齿，还会自毁前程，甚至会断绝个人的学术生涯。因此在进行正文写作时，务必要遵循数据真实，来源可靠这点规范。

在《我国农村小规模学校教师队伍建设研究》中也涉及到许多调查数据，如"在属地来源方面，分别有 48.47%、37.19%、5.86%和6.94%的教师任教学校所在地与父母家庭住地同在一个镇（乡）、县（市）、地级城市、同一个省份，而仅有 1.54%的教师不在同一个省份。在教育背景方面，毕业于普通本科及以上院校的教师所占比例仅为 24.77%，而毕业于大专、中专（中师）、高中、初中及以下的教师所占比例分别为 22.85%、31.75%、17.80%和 2.83%。"[1]这些数据均为该文作者团队调查获得，数据真实，可追溯性强，经得起广大读者的推敲。

3. 分析得当，逻辑严谨

一篇优秀的学术论文，离不开对材料的逻辑严密分析。只有分析得当，作者的观点、看法以及思考脉络才能得以充分展现，让人读后恍然大悟，心悦诚服。然而，分析不当却成为不少学生和部分学者在论文写作中容易陷入的误区。分析不当包括：采用错误的分析方法、分析材料缺失、分析方法牵强等。[2]在进行论文正文写作时，务必要避免以上问题。

在《我国农村小规模学校教师队伍建设研究》中涉及到多种数据分析，比如乡村教师的结构、乡村教师的学历、乡村教师的薪资待遇等。在列出收集数据的同时，文章的第三部分"农村小规模学校教师队伍建设的改革路径"中，结合这些数据，进行了严密分析，并以此为根据提出了切实可行的改革农村小规模学校教师队伍的建议。

（五）学术论文参考文献的写作规范

科学论文是对研究工作新进展的系统化、理论化总结，并加工成可发表的书面文件。它主要由题目、摘要、关键词、正文和参考文献

---

[1] 刘善槐，王爽，武芳. 我国农村小规模学校教师队伍建设研究[J]. 教育研究，2017，38（9）：106-115.

[2] 李忠. 研究生学术写作与训练的困境及其纾困——基于学位论文写作规范问题的分析[J]. 学位与研究生教育，2022，（4）：12-19.

等几部分组成。^①其中，参考文献作为学术论文的重要组成部分，不仅体现了学者对学术规范的严格遵守，更是对他人知识产权的尊重与保护，同时也在一定程度上反映了作者的治学态度^②。下面是学术论文参考文献写作时应当遵循的五大规范^③。

1. 全面性

参考文献数量代表了知识资源的规模，作者在学术研究中引用参考文献应当尽量全面且广泛。参考文献的数量能够充分反映出科研工作者在学术论文发表前所积累研究基础的情况，它能够在一定程度上反映出其学术研究的广泛性和深度。通过基于前人丰富的研究成果来提出研究问题，既可以避免做大量的重复研究，也可以提升研究问题的创新性。

2. 权威性

参考文献质量体现了知识资源的深度，作者在学术研究中应当尽量引用权威性强、质量高的文献。引用高质量文献的前提是：各学科知名的、权威性的专家学者的学术科研成果，选择在权威期刊或出版社发表，能够反映该学科的学术研究前沿。参考文献的被引频次也是衡量其学术价值和热度的重要指标，其阐述的观点和结论可以为读者提供可靠、高价值、深层次的引文内容。

---

① 高鲁山，郑进保，陈浩元，等. 论科技期刊论文的参考文献[J]. 编辑学报，1992，4（3）：166-170.

② 王政武. 学术论文写作应注意的几个问题——基于社科期刊编辑的视角[J]. 扬州大学学报（人文社会科学版），2022，26（5）：99-108.

③ 杜红平，王元地. 学术论文参考文献引用的科学化范式研究[J]. 中国科技期刊研究，2017，28（1）：18-23.

3. 经典性和新颖性

参考文献的新旧程度反映了知识资源的新旧状态，作者在学术研究中应注意经典文献和新颖文献的结合。在学术研究中，距今时间较远的文献比例应当适当缩减，但保留那些具有经典性、重要参考价值的文献，它们对于论证研究内容的科学性具有重要意义。同时，也要重视引用距今时间最近的文献，因为它们代表了该研究领域的前沿动态，能够为研究问题提供最新的思想、方法、理论等知识。

4. 规范性

参考文献著录格式的规范性体现了科研工作者对学术研究态度的端正性和严谨性，作者应按照拟投稿期刊要求对学术论文的参考文献著录格式进行规范统一。每项参考文献通常包括责任者、文献标题、出版来源名称、文献年卷期及页码等多项内容。因此，做到文献格式统一、有章可循，进而提升论文整体质量显得尤为必要。

5. 客观性

学术论文应遵循客观性和公正性。在引用时应当对具有偏见性的观点，或者由于某种利益而带有倾向性的观点进行甄别和鉴定，以维护学术的公正性。在引用文献时，学者应避免因个人偏见或利益驱动而片面选择参考文献。

下面我们以《教师专业道德建构——以王阳明"致良知"学说为分析工具》①这篇文章的参考文献为例进行讲解。

［1］檀传宝. 论教师"职业道德"向"专业道德"的观念转移[J]. 教育研究, 2005, (1).

---

① 李西顺. 教师专业道德建构——以王阳明"致良知"学说为分析工具[J]. 教育研究，2022，43（1）：72-80.

［2］Yilmaz, F., et al. Class Teacher Candidates' Skill of Saying No in Relation to Components of Moral Anatomy[J]. Eurasian Journal of Educational Research, 2016, (62).

［3］Farooq, U., et al. Moral Reasoning Stages of Secondary School Head Teachers of Pakistan[J]. Malaysian Online Journal of Educational Sciences, 2018, (2).

［4］O'Flaherty, J., et al. The Use of Case-Based Learning in the Development of Student Teachers' Levels of Moral Reasoning[J]. European Journal of Teacher Education, 2014, (3).

［5］McDanel, G., et al. Enhancing Moral and Ethical Judgment through the Use of Case Histories: An Ethics Course for Pre-Service Teachers[J]. GIST Education and Learning Research Journal, 2013, (7).

［6］Narinasamy, I., et al. Caring Teacher in Developing Empathy in Moral Education[J]. Malaysian Online Journal of Educational Sciences, 2013, (1).

［7］Asiye, T. Development of the Ethical Evaluation Questionnaire: A Machiavellian, Utilitarian, and Religious Viewpoint[J]. European Journal of Educational Research, 2017, (1).

［8］Emma, A. Moral Imagination in Education: A Deweyan Proposal for Teachers Responding to Hate Speech[J]. Journal of Moral Education, 2014, (3).

［9］王夫艳. 规则抑或美德：教师专业道德建构的理论路径与现实选择[J]. 教育研究, 2015, (10).

［10］刘永凤. 教师个人知识的内涵、构成与发展[J]. 教育研究, 2017, (6).

［11］韦斯林等. 教师学科教学能力模型的建构[J]. 教师教育研究, 2017, (4).

［12］朱敏, 高湘萍. 教师专业发展的自我心理结构模型研究[J]. 教师教育研究, 2017, (1).

［13］叶澜, 等. 教师角色与教师发展新探[M]. 北京: 教育科学出版社, 2001.208.

［14］张华军, 朱旭东. 论教师专业精神的内涵[J]. 教师教育研究, 2012, (3).

［15］王阳明全集[M]. 上海: 上海古籍出版社, 1992: 28、92、971、972、974.

［16］秦家懿, 王阳明[M]. 台北: 台北东大图书公司, 2002.59.

［17］倪德为. 儒家之道——中国哲学之探讨[M]. 南京: 江苏人民出版社, 2006. 279.

［18］王阳明. 传习录[M]. 北京: 中国画报出版社, 2012. 19-20、21、128.

［19］王占魁. "公平"抑或"美善"——道德教育哲学基础的再思考[J]. 教育研究, 2011, (3).

［20］Habermas, J. Reconciliation through the Public Use of — 79 — Reason: Remarks on John Rawls's Political Liberalism[J]. Journal of Philosophy, 1995, (3).

［21］鲁洁. 试论德育之个体享用性功能[J]. 教育研究, 1994, (6).

［22］Louis, E. R., et al. Values and Teaching: Working with Values in the Classroom[M]. Charles E. Merrill Publishing Co, Columbus, Ohio, 1978. 64-66.

［23］王加强. 教师发展的非反思路径[J]. 华东师范大学学报(教育科学版), 2014, (4).

［24］郁振华. 论道德——形上学的能力之知[J]. 中国社会科学, 2014, (12).

［25］何怀宏. 良心论——传统良知的社会转化[M]. 上海：上海三联书店, 1994.22.

［26］彭彦琴. 佛教禅定：中国本土心理学研究方法的典型代表[J]. 苏州大学学报(教育科学版), 2015, (3).

［27］帕默尔. 教学勇气：漫步教师心灵[M]. 上海：华东师范大学出版社, 2005.10.

［28］Michael, S. From Morality to Virtue[M]. New York: Oxford University Press, 1992.3.

从全面性的角度来看，这篇文章引用了多达二十八条参考文献。这一数量显著体现了作者在撰写学术论文时，所投入的基础研究工作的广泛性和深度。这不仅展示了作者学术研究领域的宽广视野，还反映了作者对教师专业道德建构和王阳明"致良知"学说深入理解和把握的能力。同时，这些充足的参考文献也间接地印证了这篇学术论文深厚的理论基础和学术价值。

从权威性的角度来看，参考文献应当选用具有权威性的高质量文献。判断文献质量高低的一个直观且重要的依据就是其发表的期刊。通常来说，发表在顶尖或核心期刊上的论文往往代表了该领域的权威和前沿。此外，论文的被引频次也是衡量其学术价值和影响力的重要指标。我们可以看到《教师专业道德建构——以王阳明"致良知"学说为分析工具》这篇论文发表在《教育研究》上，引用的文献均为核心期刊或者专著，而且其参考文献中有多篇发表在《教育研究》。参考文献选取了大量国内外优秀论文，还有多本关于王阳明学说的专著，比如《王阳明全集》《传习录》等。

从经典性和新颖性结合的角度来看，这篇论文发表于 2022 年，论文引用的文献大多数是近十年内发表的高被引频次且与研究主题密切相关的资料。同时，作者也精心挑选了若干经典专著和少量年份虽久但极具经典价值的论文，如《论教师"职业道德"向"专业道德"的观念转移》，这是知网收录的有关"教师职业道德"这一研究主题下被引次数较多的文章。

从规范性的角度来看，学术论文应当按照国家标准和某些期刊特定的标准去书写参考文献的格式。不同类型的参考文献的格式也不相同。例如，期刊论文引用格式示例：[1]李西顺.教师专业道德建构——以王阳明"致良知"学说为分析工具[J].教育研究,2022,43(1):72-80.专著引用格式示例：[2]程根伟.1998 年长江洪水的成因与减灾对策[M]//许厚泽,赵其国.长江流域洪涝灾害与科技对策.北京:科学出版社,1999:32-36.

从客观性的角度来看，这篇示例论文没有在文献选择上表现出任何片面倾向，而且客观地引用了国内和国际的文献。作者既没有盲目推崇外文文献，认为其质量必然高于国内文献，从而过度引用外文文献以强化研究的理论基础和可信度；也没有因为对外文文献的掌握程度有限，而倾向于仅引用中国的期刊论文文献。[①]

学术论文事关每位学者的学术生涯，因此严格遵守学术论文写作规范至关重要。通过深入阅读学术论文规范范例，我们能够更加深刻地理解这些规范的实际应用。"纸上得来终觉浅，绝知此事要躬行"，更重要的是要在日常生活中严格要求自己，最终达到自觉遵守学术论文写作规范的目标。

---

① 杜红平，王元地. 学术论文参考文献引用的科学化范式研究[J]. 中国科技期刊研究，2017，28（1）：18-23.

第二节　熟悉学术写作失范，规避学术写作失范

加强学术规范和学术道德教育，是预防和遏制学术腐败、保障学术研究健康发展的关键举措。许多科研新手由于缺乏对学术规范和学术道德的深入了解，容易在学术研究过程中产生不端行为。因此，本节将深入剖析学术论文中常见的六类学术失范现象，旨在帮助科研新手提高警觉，规避潜在的学术不端风险。

一、学术论文中的六类学术失范

"失范"这一社会学概念，最早是由涂尔干（E. Durkheim）提出并加以阐释，并进一步形成了一套关于社会"失范"的理论体系。所谓失范，即指社会秩序的混乱与道德准则的失衡所展现出的异常趋势，它同时具象化为社会中的一种特殊现象，即我们常说的社会"反常"状态。将这种观点迁移到学术方面，有助于我们理解"学术失范"的含义。阎光才教授认为，所谓学术失范，就是在学术共同体内，其成员的学术越轨（academic deviance）或学术不端（academic misconduct）行为频繁发生，甚至会引发整个学术共同体内部危机的现象[①]。通俗来讲，学术失范是指学者违背学术规范所犯下的技术性过失。例如：行文失范（如学术论文缺乏必要构件，行文中含有太多

---

① 阎光才. 高校学术失范现象的动因与防范机制分析[J]. 高等教育研究，2009，30（2）：10-16+65.

的口语而不是书面语言，过度引用等）、引注失范（不引注，少引注或引注格式不合规范、因疏忽造成伪注等）、演讲失范（不遵守规则，延长演讲时间）、会议失范（学术会议不组织论文报告，不组织论文评议，不允许发表不同意见等）、批评失范（歪曲对方的观点，进行人身攻击等）、论文发表失范（非恶意的一稿多投）等[①]。

学术失范与学术不端是两个不同的概念。学术不端主要指学者明知故犯地抄袭、剽窃他人成果或恶意一稿多投，其中抄袭是公然使用他人文字，剽窃则是暗中改造他人观点。而学术失范则是学者在无意中违背学术规范所犯下的技术性过失，其根源在于无意地疏忽或缺乏规范意识。通过明确这两者的区别，我们更加清晰地界定了学术失范的定义。以下列举的是常见的学术失范问题。

（一）引用失范问题

1. 过度引用

过度引用主要表现为三个层面。一是引用他人的文字超过自己的论证；二是连续、单一地引用某个文献；三是在尚未理解原文时就大量地引用他人的话语，歪曲引文的含义。这种不规范现象在引用外文文献或古汉语文献时尤为突出。此外，如果研究者过度依赖特定人物的话语并将它作为定论，此种行为也属于过度引用。例如，为迎合某个"重要他人"（自己的导师或某个政治人物）而引用他的话语作为定论；或为了炫耀自己的学术成果而不恰当地"自引"；为显示自己的"阅读量"和"学术感"而罗列无关文献。

在所有的"学术失范"中，过度引用的学术危害最大。其危害在

---

① 曹树基. 学术不端行为：概念及惩治[J]. 社会科学论坛，2005，（3）：36-40.

于看似有明确的注释、似乎没有抄袭，实际上它是打着"有注释"的旗号进行公开抄袭。

2. 遗漏引用

遗漏引用是指作者在论文中引用了他人的观点、表述、数据、图表、方法、公式等，却未注明来源。其中，观点、数据、图表、方法、公式都是核心要素，所以遗漏这些重要项目信息就造成了作者的学术不端。当前，在学术出版中，主要存在七种文字表述方面的学术不端行为，即不加引注、不显著引注、多次引用时的漏引、多文引用时的漏引、转述或同义替换、加词引用、少词引用。这七种情形在编校实践中都有不同程度的存在，其中"转述或同义替换"类不端行为有一定的争议性。但值得注意的是，在自然写作的过程中，语言表述的相似性或意义的相近性，在某种程度上是不可避免的。因此，我们更应将监管的焦点集中在其余六种更为明确、更易于界定的不端行为上。

3. 扭曲引用

扭曲引用是指断章取义、以偏概全的行为。例如，假设爱迪生的原话是："天才是 99% 的汗水加上 1% 的灵感，但是，1% 的灵感比99% 的汗水更重要。"而某些作者为了强调勤奋的重要，只引用前半句而故意删除了后半句。还有一些作者在引用他人文献时，喜欢按照自己的意愿曲解原文，甚至颠倒黑白，这种对原文的扭曲引用，严重违背了学术的诚信原则。在学术研究中，引用他人的成果是对其观点的尊重，而非将其作为自我观点的支撑工具。特别是当引用经典或权威文献时，扭曲引用无异于狐假虎威，误导读者。对于此类行为，编者往往难以察觉，特别是在作者标注规范的情况下，若未深入阅读原文，一些编者可能会误以为引用无误而疏于核实。

4. 对引文过度评价，或批评过于苛刻，或赞扬过于溢美

学术批评是学术进步的"助推器"。公正的学术批评应遵循"实事求是"的原则，用"以理服人"的方式展开，促进"学术争鸣"的繁荣。然而，我们必须警惕那些打着学术批评旗号，却"公报私仇"的行为，以及因"门户之见"而对他人进行"学术压制"和"学术报复"的恶劣行径。

5. 引用不符合学术规范、公认品质低下文献或错误文献

文献引用规范，是论文写作发表的基础。不规范的引用可能直接导致论文被拒稿，甚至引发学术不端的严重风险。例如，草率地引用编译本而非权威的全译本。在编校过程中，我们时常发现一些作者在引用文献时存在漏引、错引的问题，这类问题不容小觑。一方面，漏引可能构成学术不端，侵犯了他人的知识产权；另一方面，错引则可能导致知识性的错误，误导读者。

6. 引用非权威文献

一般情况下，权威文件、权威会议等内容的引用来源，要尽可能选择原始权威出处。但是，在实际操作中，我们发现不少作者在引用时非常随意。由于图书、学术期刊、报纸、网络等多种媒介都可能刊载这些重要文件或会议内容，一些作者往往采取随机抓取的方式，错误地认为只要找到一处来源即可，却忽视了这些文献必须源自权威出处的重要性。以党的十八大报告、十九大报告为例，为了确保引用的准确性和权威性，我们应尽可能采用人民出版社的单行本，或者引用自《人民日报》、《光明日报》、人民网、新华网、光明网、中国政府网等具有高度公信力的权威媒体或政务媒体，应避免从不知名的小

报、小刊、网络甚至自媒体进行引用。

7. 迷宫式引用

在一段文字里多处引用他人文献内容，并反复交替引用同一文献，在引文中间杂以自己的表述，这就形成了"迷宫式引用"。在迷宫式引用中，直接引用与间接引用交织在一起，有时上半句是间接引用，而下半句却已转为直接引用，这种交替变换不仅增加了阅读的难度，更给编者在核实引用内容准确性时带来了极大的挑战。

（二）选题失范问题

1. 选题范围过大，缺乏针对性

确定论文选题、拟定标题是撰写论文首先要考虑的问题。在论文写作过程中往往容易陷入选题研究范围过大、涉及面广、难以驾驭的误区。在论文中常常可以看到一个研究主题包含多个研究问题的现象，导致对多个问题的研究广而不精、空洞无物、有叙无论。[①]

2. 对开展研究的可行性考虑不充分，致使行文困难

确定研究问题是问题意识形成的起点，这对于论文设计是至关重要的。许多作者在论文写作中常常遇到行文不畅的问题，这是因为写作前没有充分考虑选题的可行性，没能准确评估自身的研究能力。资料搜集困难、人力物力不足或其他物质条件欠缺，会导致研究工作无法展开，难以行文。

---

① 崔占峰，贾爱霞，崔宏瑜. 研究生学位论文常见失范问题及规范写作的思考[J]. 江苏经贸职业技术学院学报，2021，（4）：42-45.

3. 选题陈旧，未找出独特视角

论文选题要找准"切入点"，从新颖独特的视角观察某种现象，并能从现象中提炼出科学命题，在已有研究的基础上尝试创新，或者提出新观点，或者更正前说之误，或者完善前说不足等，从而体现学术研究的价值。研究者容易忽视经济社会发展的时代背景以及社会现象的特质，难以把握学术研究的关注点，从而导致选题过于陈旧，缺乏创新性。

（三）标题失范问题

1. 论文标题空泛、笼统，深层信息表述模糊

标题空而大直接表现为，题目所表述的研究问题过于宽泛，研究对象不明确，未表达出论文的核心观点或概念等深层信息。研究者缺乏问题意识，难以深入把握具体的研究问题和研究对象，再加上文献阅读工作不到位，使得他们在确定研究方向和拟定论文题目的过程中呈现一定的空想性。

2. 题文不符，行文内容与题目对应性不强

题文不符是常见的标题失范问题，行文内容偏离题目所涵盖的研究对象、研究范围，核心关键词不能精准概括文章的主要论点和论题。无论是论文核心内容偏离拟定题目，还是题目未能准确概述论文主旨，都属于精准度偏差。

3. 语言文字运用不当

标题是论文的文眼，至关重要。在初步拟定后，论文标题应经历多次精心打磨，确保语言表述准确、规范。需特别警惕用词不当的问题，如词汇过于宽泛、泛指性强或存在语法错误，这些都可能

引发误解和歧义。

（四）关键词失范问题

1. 揭示信息不全，遗漏重要词汇

关键词一般来源于题目的拆分和原文中其他具有关键信息的词汇。学术论文通常存在关键词的选取随意性大、关键信息词汇不足、遗漏重要观点词汇等问题。由于论文题目有字数限制及其他方面的影响，原文中的一些核心概念及主要方法等并不能全部体现在标题中，仅仅通过拆分题目提取的关键词难免存在随意性大、遗漏关键信息点等问题。

2. 选用过多无意义词汇

关键词常见误区之一是将外延意义范围较大的泛意词作为关键词，此类词汇并不能揭示与文献有关的价值信息，在说明文献主旨内容上无任何作用且不具备检索意义。选取过多的无意义词汇，会减弱关键词的检索作用，降低文献检索的准确率。

3. 对词性的把握不准确

学术论文中的关键词一般为 3—8 个，词性是名词，主要是合成词或专业术语。将补充解释类的动词和形容词误选为关键词以及选取的词数量过多或过少，都容易导致关键词所涵盖的原文信息不全面、关键性的信息词汇缺失、文献检索的难度增加等问题。

（五）引言失范问题

1. 引言、摘要与文献综述混淆

引言对论文具有提纲挈领的作用，由于对引言、摘要、文献综述

的具体内涵认识不足，在引言写作中常将三者混淆，导致内容重复。应从引言与摘要、文献综述论述内容的区别上把握引言的写作技巧。引言是在阐述研究背景的基础上对研究过程、方法、成果的全面介绍，其内容论述比摘要更详细，但在文献总结梳理方面不及文献综述详尽。

2. 论述内容衔接不畅，缺乏逻辑性

由于尚未厘清研究主题与文献成果之间的逻辑关系，再加上写作水平有限，一些作者在论文写作中常常出现语言逻辑不通、内容衔接不畅等问题。特别是在引言部分，对于已有研究成果的梳理与即将展开的研究主题之间的论述往往衔接不当，缺乏紧密的内在联系。

（六）综述失范问题

1. 资料搜集范围狭窄，遗漏代表性文献

文献综述的质量直接依赖于广泛而深入的文献阅读，其中文献资料的丰富性和质量高低是其核心要素。若搜索范围狭窄、文献类型不全、数量不足、优质文献少等，将会严重影响对研究观点的深入剖析和全面阐述。特别需警惕未真正把握文献检索方法，在文献检索时只将主题作为关键词直接检索，不注重转换关键词或关键词近位词，不能熟练运用逻辑符等问题。

2. "有述无评"，简单列举非核心文献

文献综述是"述""评""创"的结合，是在对文献梳理、归纳、总结的基础上进行评述的研究活动。机械罗列材料，片面堆砌文献的主要观点，未对文献主要内容进行综合性评述是文献综述最普遍的失范问题。研究者常常急于求成，文献阅读工作流于表面形式，仅进行文字的简单铺陈，缺乏必要思考和归纳总结，导致文献综述有形

式而无意义。这种形式的观点汇总缺少对文章全面理解、融会贯通的评述部分，"有述无评"的文献综述只能称为形式上的文献综述，并没有算清"学术账"。

3. 缺少必要逻辑，回顾缺乏系统性

由于研究者未对数量庞大的原始资料进行系统性分类、整理，难以准确把握不同阶段文献研究的内在关联，没有深度探究文献内容和结构框架背后的逻辑层次，将不同研究阶段、类型及层次的研究成果混杂起来，这导致文献综述内容缺乏条理性。此类文献综述缺少串联不同阶段研究成果的逻辑主线，层次不清，研究观点之间出现断层。同时，文献回顾缺乏系统性，可能导致现有研究的历史演进过程展现不完整、遗漏重要研究成果、前后观点脱节等。

4. 运用宽泛语言，综述言之无物

只有对现有文献的研究成果进行详尽而深入的阐述，文献综述才能真正发挥其在梳理研究成果、理清研究进程，以及探究研究起源中的关键作用。然而，当前一些研究者的文献综述用词宽泛、空洞，常常使用诸如"里程碑式意义"和"不全面"等涵盖范围广泛且内容空洞的词汇，并未表达出实质性内容，也未触及现有研究深层次的学术价值和不足之处。

二、学术论文中的学术写作失范示例

（一）学术论文格式失范

当前很多科研人员或由于不了解学术论文格式规范，或抱着应付

的态度写作，导致诸多格式失范问题出现。[①]论文写作格式的失范，不仅显示了学术论文作者对自身创作的极端不严肃态度，也为学术期刊的编辑增添了负担。

1. 摘要格式失范

摘要格式失范是指摘要未能准确反映文章的核心主旨，缺乏客观性、准确性和适当的详略安排。摘要作为文献内容的精确提炼，应避免解释或评论，旨在为读者、信息检索人员以及计算机检索提供便利。摘要的撰写需保持适度的详细程度，既不过于冗长也不过于简略，应简明扼要地概括论文的研究体系、关键方法、重要发现及核心结论。问题的陈述、动机、方法、结果和结论是摘要写作不可或缺的 5 个要素。由于不同期刊对摘要长度的要求有所差异，一般控制在一页的 1/3 左右，即大约 200—400 字，硕士论文的摘要长度通常不超过 1000 字。在撰写时，应根据各要素的相对重要性进行权重分配，突出文章的关键点。若问题关键，则重点阐述问题；若方法创新，则突出介绍方法；若结果显著，则着重强调结果；若结论具有深远影响，则着重总结结论。对于不重要的要素，可酌情省略。在叙述方法时，应明确指出其可靠性和适用的参数范围；在介绍结果时，应尽可能提供量化的数据；在总结结论时，除了说明解决的问题外，还应强调其对本领域乃至更广泛领域的价值贡献。

有些论文摘要存在以下三个问题：一是大量介绍背景和已知常识内容。在摘要中应该尽量反映文稿中的新观点、新内容，切忌把原文涉及的内容统统写进摘要；二是摘要过于简单、单一，信息量不足。没有写清具体存在的问题、提出解决办法及文章的结论是什么等；三

---

① 邱阳. 当前人文社科类学术论文写作失范问题探析[J]. 长春工程学院学报（社会科学版），2013，14（4）：94-96.

是摘要中使用"本文"等冗余词汇，影响其简洁性。应尽量避免在摘要中使用不必要的关联词语、感叹词语或疑问词语。

2. 关键词格式失范

撰写学术论文时，作者需在摘要之后列出关键词，目的在于方便读者检索到该文章。关键词的标引质量直接关乎读者能否迅速检索到学术论文，进而提升被阅读的机会。学术论文的摘要后面，通常列出3—8个关键词。各关键词之间用"；"隔开，最末的关键词后不用加"；"。英文关键词的数量和含义要与中文关键词完全一致。关键词要选取能反映文献内容特征、专指性较强、具有特定检索意义的词。所选关键词应全面覆盖论文题目的核心要点，若未能做到这一点，则可能是关键词选取不当或题目设定存在问题。选取关键词时，需遵守以下几个基本原则：关键词为名词、名词性词组、名词性短语；关键词可以是规范性词，也可以是自由词，优先选取规范性词；关键词应当含义清晰，一般不选用口语词汇或新闻用语；关键词应当选用专指词，一般不选择没有意义的通用词作为关键词；关键词之间应存在合理的排列关系，首个关键词通常为论文的主要研究对象，其余关键词则应有助于文献的检索和利用。

例如，在一篇关于日语教育的文章中，作者选用的关键词是"中国""日语教育""现状""展望""分析"。其中，"中国""现状""展望""分析"等属于通用词，这些通用词没有实际意义，不能明确反映论文的主题，不单独作为关键词使用。同时，其关键词在排序上没有排列关系，第一个关键词"中国"不是论文主要的研究对象，该论文的主要研究对象是"中国高等学校"。最后，它在引用关键词时没有按照规则引用，其关键词没有用"；"隔开，而是用空格隔开。

3. 排版格式混乱

常见的论文排版格式要求有：各层次标题内容应避免重复；图表要有标题或说明文字，表格的标题在上，图的标题在下，用表 1、表 2，图 1、图 2 标注，图表与注释必须紧密相连，不可分隔在两页；大标题，如"——"，其内容应紧随标题后，不可出现标题在前页而内容却跨至下页的情况；所引用数据必须明确出处，并以上标形式标注注释；同时，若从网络下载内容，务必调整其字体格式和行距以保持一致，正文中的标点符号应使用全角，避免留下粘贴的半角痕迹；此外，每段首行应统一缩进两个字符，确保格式整齐划一。

一些文章存在排版格式混乱问题。例如，表格与下面的资料分成两页，表格中有数据，但数据没有标注出处；正文的标题格式没有按照学术论文的规范要求分成一二三级标题；文章在引用时，注释没有使用上标，未标明引用文献的出处，也没有按照参考文献的引用格式。

（二）学术论文引用失范

目前学界有部分科研人员对参考文献的标注规范缺乏足够的重视，导致学术论文中的引用失范问题日益凸显。[①]概括而言，当前人文社科类学术论文写作中的引用失范主要表现为：隐瞒引用、虚造参考文献、引文来源低级化、引用失实。尽管学界已经开始意识到这一问题的严重性，但就目前人文社科类学术论文的写作实践来看，效果还不明显。

1. 隐瞒引用

隐瞒引用是指在论文撰写中，作者或有意或无意地未对所引用的

文献进行著录，侵犯了原文献作者的劳动成果。可以说，一篇论文是一项研究的总结，研究者往往会寻求并借鉴前人的相关研究来支撑自己的观点。特别是在人文社科领域，尤其是古文献和历史研究，更是离不开对大量既有作品的参考和引用。这些参考文献不仅为读者提供了研究的脉络，也帮助读者判断该研究是创新性的探索还是对过往研究工作的深化。然而，在实际写作中，我们发现有部分作者虽然引用了他人的数据和研究成果，却未能给予恰当的文献标注。

阅读某些文章时，我们能明显感受到其结论是作者在深入研究其他文献或资料数据后得出的。然而，作者在文中未明确标注这段结论的文献来源，这就属于隐瞒引用的一种表现。

2. 虚造参考文献

虚造参考文献通常表现为文章正文中未见任何文献引证标号，却在末尾匆匆列出几篇所谓的参考文献。因此我们有理由怀疑作者并未真正参考过这些文献，只是随意选取了几篇文献来"凑数"，这种属于典型的文献拼凑行为，而非真正意义上的学术引用。

例如，读者在仔细通读一篇文章后，发现尽管文末列出了若干篇参考文献，但在正文相应内容处并未标注具体的文献引用标号。这种不明确的标注方式使得读者难以准确地将文献末尾的参考文献与文中的具体论述对应起来，从而引发了对于作者是否真的引用了这些文献的质疑。这种情况存在虚造参考文献的嫌疑。

3. 引文来源低级化

在一篇学术论文中，除了参考文献的数量外，其质量也是衡量或评价论文的主要标准之一。引用高质量的文献可以在一定程度上彰显作者查阅文献的权威性和可信度。然而，在当前的学术论文写作中，仍存在着将低级别刊物甚至非学术刊物的文章作为文献来源的一种现象，这种做法大大降低了文章的学术含量。

有研究表明，在一些被学院选作优秀毕业论文的文章中，其所引用权威出版社的专业类书籍以及 CSSCI 收录期刊或北京大学核心期刊的论文非常少，甚至于有的论文全篇没有引用一本专业书籍；而对于 CSSCI 收录期刊和北京大学核心期刊的年平均引用率均不到 1%。所引用的文献绝大多数都是一些名不见经传的期刊论文[①]。这种情况不仅出现在学位论文当中，而且存在于部分期刊论文中。

4. 引用失实

在学术论文的撰写中，准确无误地引用参考文献是遵循学术规范的基本要求。然而，实际操作中常出现一些疏漏，例如对原文献的出版信息，包括著者姓名、文献题名、文献标识码、出版地、出版单位、出版年份、出版卷期或页码等内容，未能完整或准确地著录，这便构成了引用失实的现象。这种失实具体表现为：作者姓名被误写、排序颠倒甚至遗漏了第二作者；论文题目被随意增减字词或标点符号，副标题被忽略或误用为正标题；期刊名称混淆不清，甚至将期刊版别误认为是期刊名称等。

根据我国发布的《文后参考文献著录规则——中华人民共和国国家标准》（GB/T 7714-2005），各类参考文献的引用都有规定标准，如期刊文献的引用格式是"期刊作者.题名[J].刊名,出版年,卷(期):起止页码"，因此，在撰写学术论文时，应严格按照标准进行引用，避免引用失实的情况发生。

---

① 党亭军. "示范"还是"失范"？——基于某学院小学教育本科专业 10 年优秀论文集"引文失范"现象的思考[J]. 当代教育论坛，2018，（3）：38-47.

（三）学术论文选题失范

"好的题目是文章成功的一半"，这句话充分说明了题目对于一篇文章的重要性，尤其对于学术论文来说，选题体现了作者对于学术问题的敏锐洞察力和对研究现状的深刻把握。当前学界中仍不乏一些研究人员在论文写作时忽视了问题意识的先导地位，对论文的真正目的和学术精神缺乏清晰的认识，而不科学和不合理的论文选题也注定了整篇文章的失败命运。当前学术论文写作中的选题失范主要表现为以下三点。

1. 选题模糊，缺乏问题意识

所谓"问题意识"，指的是在选题阶段，研究者应具备的自觉发现和明确表述问题的清晰意识，也可以理解为论文旨在探讨或传达的核心观点。这一点必须清晰而明确。对于学术论文而言，首先需要提出一个明确的研究问题，然后有针对性地进行资料搜集和深入分析。只有这样，论文才能具有足够的说服力，将问题阐述得透彻清晰。然而，目前仍有一些研究人员在选题和撰写论文时缺乏这种关键的问题意识，这成为他们难以产出高质量论文的症结所在。

例如，在一篇关于大数据在教育中应用的文章中，作者介绍了大数据的概念、特点以及大数据分析手段在不同阶段教学中的具体运用和作用，但没有提出明确的研究问题，也没有对相关材料进行分析，缺乏问题意识。

2. 选题范围大，缺乏价值性

确定论文选题是学术论文撰写的首要任务。然而，研究人员常易陷入选题过于宽泛、涉及面过广的误区。一旦选题范围过大，就可能导致对问题的探讨显得空洞无物，只叙述而无深入分析，宽泛而不深入，进而难以提炼出具有实际价值的研究成果。

例如，在一篇关于中职院校教学改革研究的文章中，作者以教育现代化为研究视阈，以中职院校教学改革为研究对象，但教育现代化本身是一个复杂概念，而中职院校不仅数量较多，且教学质量差异较大，研究缺少一定的针对性，研究结论空洞，缺乏实际价值。

3. 选题太陈旧，缺乏创新性

论文选题的关键在于从新颖独特的视角洞察某一现象，并从中提炼出具有科学价值的命题。这要求研究人员在已有研究基础上勇于尝试创新，或提出独到见解，或纠正前人谬误，或补充前人研究的不足，从而彰显学术研究的价值。然而，在学术论文选题的过程中，研究人员时常难以精准捕捉学术研究的焦点，这往往导致选题内容陈旧，缺乏足够的创新性。

例如，在一篇研究教育价值追求的论文中，作者指出，从手段与目的的关系来看，教育公平优先意味着兼顾教育效率，主张教育的价值追求应该是"公平优先，兼顾效率"。然而，许多学者此前已经对教育以"公平优先，兼顾效率"为价值追求进行了研究，有学者在2003 年时就提出基础教育要均衡发展，必须用"公平优先，兼顾效率"这一根本原则来指导，才能克服实践中的种种矛盾与困难，推进基础教育真正实现均衡发展。另外，已有论文提出在我国教育资源特别是优质的教育资源有限并且不平衡的前提下，以"公平优先，兼顾效率"作为教育政策的价值取向，可以在促进教育公平的同时更好地提高教育的效率。因此，该文的选题较为陈旧，缺乏一定的创新性。

（四）学术论文标题失范

规范性是学术论文写作的基本要求。一篇结构完整的学位论文包括标题、摘要、关键词、引言、正文、参考文献等部分，各部分的行文规范是衡量论文质量的重要依据之一。[①]首先，标题应鲜明突出，高度概括且准确表达论文核心；其次，标题应涵盖研究范围、对象、主要观点及主题，用简练文字展现其内涵要素；再次，规范的论文标题宜以研究对象或核心议题为主语，长度控制在二十字以内，确保简洁、凝练并清晰传达研究学科、方法和视角；最后，将核心关键词融入标题，能有效体现论文主旨。总之，标题作为学术论文的起始，其规范性不容忽视。以下列举一些学术论文写作时常见的标题失范问题。

1. 论文标题空泛且表述模糊

标题空而大的直接表现为：题目所涵盖的研究问题过于宽泛、研究对象不明确，题目未表达出论文的核心观点或概念等深层信息。这些问题往往源于论文作者缺乏明确的问题意识，难以精准把握具体的研究问题和研究对象，加之在文献阅读和研究背景分析上的不足，使得他们在确定研究方向和拟定论文题目时显得过于理想化，缺乏实际的深度和广度。

例如，有的论文研究的核心点在于"在线学习环境中的学生参与度与注意力管理策略"，实则在摘要揭示其研究重点在于"在线学习环境中学生参与度下降情况下的注意力管理策略"。标题中简单的"与"字联结，不经意间却分散了研究的重点，原本应该专注于"在线学习环境中学生注意力维持策略"的深入探索，转而涵盖了"学生参与度"和"注意力管理"两个并列的主题，这在一定程度上导致了研究对象和焦点的模糊化。

---

① 崔占峰，贾爱霞，崔宏瑜. 研究生学位论文常见失范问题及规范写作的思考[J]. 江苏经贸职业技术学院学报，2021，（4）：42-45.

2. 论文标题的文字运用不当

标题是论文的文眼，非常重要。在初次拟定后，标题需要经过反复的精心打磨和修订，以确保语言表达的准确性和规范性。总体来看，研究者论文标题中经常出现用词不当的情形为：所用词汇过于笼统、泛指性较强、容易引起歧义等。

例如，在一篇关于高职院校创新创业教育改革路径探索的论文中，尽管其标题强调了"互联网+"背景下高职院校创新创业教育的改革路径，但文章实际内容不仅限于改革路径的探讨，还深入剖析了当前高职院校在创新创业教育中遇到的主要问题。因此，该标题在概括性上略显不足，未能全面揭示文章的研究广度和深度，使读者在阅读标题时无法立即掌握研究的核心对象和范畴。

3. 论文内容与标题对应不强

题文不符是常见的失范问题，主要表现为行文内容偏离题目所涵盖的研究对象、研究范围，核心关键词不能精准概括文章的主要论点和论题等。但无论是论文主要内容偏离拟定题目，还是题目未能准确概述论文核心内容，都属于精准度偏差现象。

例如，在一篇关于高职院校素质教育的论文中，作者通过其标题所传达的研究对象是高职院校素质教育，但整篇文章论述的内容却与标题对应性不强。作者为增强论文的学术性，在标题中融入了"大学生安全视域"和"素质教育"等词汇，然而这种表达方式未能有效地凸显文章的核心观点。实际上，使用"安全素质教育"这一词汇能够更加精准地概括文章的核心内容，同时也更易于让读者迅速理解文章的研究焦点。

（五）学术论文方法失范

撰写一篇高质量的学术论文，离不开科学、恰当的研究方法作为支撑。研究方法的合理运用，是确保论文质量达到学术标准的关键所在。首先，研究人员在掌握和运用研究方法时，必须深入理解各种方法的本质，并明确它们在不同研究情境下的适用性。其次，在实际研究中，研究人员需根据研究目的和内容，精心挑选与之相匹配的研究方法。最后，若研究方法选择不当，不仅可能导致研究结果的偏差，更会对研究的整体可信度和学术价值造成严重影响。本书通过分析学术论文方法失范的实例，旨在帮助研究者规避研究方法使用不当的情况，从而更好地完成论文写作。

1. 研究方法完全缺失

科学严谨的学术研究离不开研究方法的支撑，缺乏恰当的研究方法，其成果难以在科学知识领域长久立足。

例如，在一篇关于现象学视域下教育田野研究的方法论的论文中，作者旨在强化教育质性研究的客观性和真实性。为此，文章强调教育田野研究应从方法论层面出发，深入探讨"完全参与观察者"的角色，并提出研究者应综合运用"观察"、"参与"和"完全"三种质性研究方法，以深度融入并诠释研究对象的日常生活。尽管论文通过充分的论证展开论述，但尚缺乏实证数据的支撑和对现状的深入剖析。若作者能够基于现有论述，制定并实施具体的研究计划，同时辅以相应的支持性数据，将显著提升论文的完整性和论证力度，使之更易被读者理解和接受。

2. 研究方法使用不当

科学、有效地运用好研究方法，对一篇学术论文来说至关重要。

一些论文由于缺乏与选题高度适切的研究方法和实证分析，仅停留在说理性层面，这严重影响了论文的完整性和说服力。

例如，在一篇关于边远地区农村职业教育发展的论文中，作者通过详尽的论述，阐述了边远地区农村职业教育的发展状况，即生源质量差、教育资源匮乏、供给能力弱等，但缺乏具体的实证研究数据作为支撑。研究方法作为科学研究中不可或缺的工具，它不仅为逻辑推理提供了坚实的基础，更是验证研究成果有效性的关键。因此，在应对多样化的研究需求时，研究者应当审慎选择并精心实施最适合的研究方法，以确保所得结论的完善性和说服力。

3. 研究方法使用单一

研究方法并非千篇一律，每种都有其独特的利与弊。为此，面对特定的研究课题，我们应秉持灵活变通的态度，综合运用多种方法，使它们互为补充、相得益彰，从而最大化研究方法的应用效果。

例如，在一篇关于特殊教育资源中心发展的论文中，作者选择了质性研究的范式，即在自然情境下通过深度访谈的方法获得资料，再对搜集的资料进行编码整理和分析，最后得到研究的结果。但在获取第一手资料时，该研究仅依赖于单一的深度访谈法，这在一定程度上限制了数据收集的广度与深度。为了增强研究结论的完善性和充实度，建议作者在后续研究中辅以调查法或其他数据分析方法，从而丰富数据收集和分析的维度，提高研究的全面性和准确性。

（六）学术论文综述失范

文献综述，又称文献回顾或文献分析，是对某一特定领域、专业或研究专题的综合性介绍和阐述。这一过程涉及广泛搜集与课题、问题或研究专题相关的资料，并通过阅读、筛选、比较、分类和深入分析等手段，对当前研究的最新进展、学术观点或建议进行全面而深入的阐述。撰写文献综述不仅是研究者寻找创新研究主题的基础，更是提升研究者选题能力和创新思维的重要途径。借助文献综述，研究者能够洞察当前研究的前沿动态与发展趋势，准确把握研究领域的焦点、难点和制高点，从而明确研究范围、确定具体研究方向并选取恰当的研究方法。此外，文献综述还能及时反映相关问题的最新进展、动态、水平、理论、技术和发现[①]。对研究者来说，文献综述是科研之路上的向导和指南，撰写一篇好的文献综述，研究者须避免以下几个常见的问题。

1. 范围过窄，导致限制性

文献综述的质量深植于对文献的广泛而深入的阅读之中，其优劣直接受文献资料的数量和质量所影响。当研究观点的阐述显得不够全面时，这往往源于搜索范围的局限、文献类型的单一、数量的不足，以及优质文献的稀缺[②]。研究者需要谙熟文献检索方法，常见的问题有三种。第一，关键词选择不当。在检索文献时可能只使用了主题作为关键词进行直接检索，而没有考虑使用同义词、近义词或相关术语进行检索。第二，缺乏逻辑组合能力。在构建检索策略时可能无法熟练运用逻辑运算符（如 AND、OR、NOT 等）来组合关键词，导致检索结果过于狭窄。第三，缺乏持续更新意识。文献检索是一个持续的过程，需要不断更新和补充新的文献。如果缺乏这种持续更新的意识，可能会导致综述的内容过时或缺乏最新研究成果。

例如，在一篇关于中国教师自我意识的综述性论文中，作者以德

---

① 陈立宏，李旭，吴永康，等. 关于研究生文献综述撰写的几点建议[J]. 教育教学论坛，2022，（31）：149-152.

② 崔占峰，贾爱霞，崔宏瑜. 研究生学位论文常见失范问题及规范写作的思考[J]. 江苏经贸职业技术学院学报，2021，（4）：42-45.

国的 Springer 作为外文数据库检索对象，并以"教师自我意识"、"教师专业发展自我意识"以及"师范生自我意识"作为核心主题词，对目标数据库进行了详尽的文献检索与筛选。然而，若作者仅依赖这些关键词进行检索，其搜索的广度与深度可能会受到限制。过于狭窄的搜索范围可能使得某些具有显著代表性和高参考价值的重要文献被遗漏，这不仅可能导致研究内容的重复，还可能限制研究的深入性和广度，从而在一定程度上阻碍相关研究领域的创新与发展。

2. 有述无评，缺乏批判性

有述无评是指文本内容仅停留在对现象或观点的陈述和概括上，而未能进一步进行必要的评价或深入分析，这反映了批判性思维的缺失。在讨论过程中，作者往往仅满足于列举事实或他人的见解，却未能深入挖掘这些信息的内涵，去评估其真实性、合理性和潜在的局限性。因此，这种论述缺乏独立的思考与判断，显得较为肤浅和缺乏深度，难以有效地引导读者理解问题的核心，也无法激发读者对问题的深入思考和探索。

例如，在一篇关于高校教育成本核算的综述型论文中，作者虽然涵盖了教育成本的内涵、核算研究以及高校教育成本核算方法的研究现状，但全文主要侧重于对已有文献材料的罗列和参考文献中观点的堆砌，未能对这些信息进行深入的分析和整合。尽管文章结尾部分对未来进行了展望，但整体结构显得不够完整，文献的阅读和分析似乎未能触及问题的核心，缺乏作者个人独到的见解和深入的思考。这样的文章更接近于对其他学者研究成果的汇总，而非一篇真正意义上的文献综述。在"述""评""创"三者中只做到了"述"，未能体现出文献综述应有的严谨性、逻辑性和创新性，因此未能达到文献综述的主要目的。

3. 结构无序，影响易读性

研究者在处理海量的原始资料时，未能遵循系统性的分类与整理原则，以致未能清晰揭示文献内容和结构框架背后的逻辑层次。相反，他们简单地罗列了不同研究阶段、类型和层次的研究成果，导致文本信息层级显得杂乱无章。这种安排不仅损害了读者的阅读体验，使他们难以准确把握各阶段文献研究的内在逻辑联系，更使得整篇文献综述缺少了贯穿始终的逻辑主线，导致研究观点断裂，层次模糊。更为严重的是，这种无序的结构可能掩盖了重要研究成果，使得研究的历史演进过程变得不完整。

例如，在一篇关于专递课堂的文献综述与应用现状研究中，作者从基础研究、应用研究、实践成果、评价研究四个维度进行了综述。然而，这种分类方式在形式上虽然显得条理清晰，但实际上并未遵循文献综述的核心原则，即深入分析和整理原始资料。由于文章篇幅有限，作者似乎更注重文章的外在美观和整齐度，而未能充分梳理前人对专递课堂的研究脉络。此文献综述的缺陷在于缺乏一条贯穿不同研究阶段、串联研究成果的逻辑主线。因此，文章层次不够清晰，研究观点出现断层，文献回顾缺乏系统性。这导致现有研究的历史演进过程未能完整展现，重要研究成果被遗漏，前后观点之间出现脱节。因此，该文献综述在参考性和客观性方面存在一定不足，难以全面、准确地反映专递课堂的研究现状和发展趋势。

（七）学术论文表达失范

研究人员的思想深度与独到见解，往往通过精准的语言得以展现。学术语言与日常用语有着本质区别，日常用语虽有时模糊，却能在特定语境中被准确理解。然而，学术语言因其高度的专业性和去生活化特质，缺乏广泛共享的日常生活语境作为支撑。一旦表达不够精准，便极易导致语词和语句的多重解读，甚至产生歧义。研究人员在语言表达方面主要存在以下三个方面的问题。

1. 学术表达口语化

部分研究人员在进行学术表达时有较为明显的口语化倾向。口语表意具有松散性和重复性，且在规定字数的前提下表达内容单薄。而学术语言具有严谨性和高度凝练性，语义具有高密度特征。在撰写学术论文的过程中，研究人员应当站在学术的视角，审慎审视日常生活用语，并精准地将口语转化为书面语体，以确保学术交流的严谨性和有效性。否则，学术论文的过度口语化不仅会影响其内容的普适性，更会降低研究成果的信度和效度。

例如，在一篇探讨小学英语学习困难学生转化策略的论文中，作者介绍研究对象时表述如下："这个三年段不只存在所谓的'差生'，而且存在大部分'差生'，并且'差生'成绩特差，即使把他们放到三年级学生中，成绩也会排在后面。"一方面，研究者在语法结构上的错误明显；另一方面，研究者对研究对象特征的描述显得视角狭窄，语言上的重复和拖沓削弱了研究的学术严谨性和功能性。

2. 语言表达文学化

无论是描述型论文、综述型论文还是应用型论文，其核心价值均在于揭示或解决普遍存在的现实问题，而科学、精准的表达则是贯穿其中的基本准则。在学术论文创作中，论证要有逻辑性、严密性和完整性，杜绝任何形式的虚假与夸大。与此相对，文学创作则追求一种超越逻辑的夸张、跨越时空的跳跃，以及细节的丰富铺陈。然而，部分学者在论文撰写中，错误地将学术与文学混为一谈，过度追求语言的生动性和华丽辞藻的堆砌，甚至刻意营造抒情感染力，却忽视了内容表达的真实性和凝练性。

例如，在一篇探讨农村小学英语兴趣小组活动实施策略的论文中，作者在结语部分表述："虽然农村小学与城镇小学在各方面都存在着一定的差距，但是只要我们教师和校方确立目标、做好计划，认真备课，敢于实践，同样能将英语兴趣活动课上得有声有色，为农村小学的英语教学添砖加瓦，让农村英语这株野百合也能盛开得娇艳、夺目。"这种偏于文学化的表达方式在一定程度上削弱了论证的深刻性、完整性和严谨性。

3. 语言表达主观化

科研的精髓在于追求世界的真实本质，因此，论文写作的核心在于客观、准确地反映事实，确保研究成果既能让读者获取知识，更能赢得读者的信任。然而，部分研究者在撰写论文时，过于强调个人的主观信念、立场、视角和态度，将"我"作为论证的中心，忽视了真实事物或事件本身的特性，这种做法无疑削弱了学术创作的客观性和普适性。

例如，在一篇探讨新课程高中数学课堂教学有效性的论文中，作者在摘要部分对研究方法和研究内容的表述是："本论文的研究过程中，我通过文献资料分析法，比较研究等方法对国内外各类有效教学的研究文献进行分析，探寻本论题的解决办法。对现阶段高中数学教师教学行为和学生学习数学的有效性进行研究，分析后我认为……"作者以"我"为中心，对自己的研究过程和研究结论进行"叙事型"的阐述，这种写作方法过于主观，削弱了论文的客观性和学术性。

第 二 章

学术期刊的投稿指南

　　笔者凭借丰富的写作和审稿经验深刻认识到，论文选题不仅是衡量研究是否值得深入探索的先决条件，更是作者学术敏感性、专业知识深度和学科视野的直观体现。论文的格式则是审稿编辑决定是否进一步点击并阅读的关键前提。此外，论文的投稿策略也直接影响着其被期刊录用的机会以及投稿周期的长短。因此，掌握学术论文的选题技巧、遵守学术论文的格式规范以及理清学术论文投稿流程是一个学者必须具备的学术素养，更是决定学术论文能否被期刊录用、成功发表并广泛转载的关键因素。

第一节 选择投稿目标期刊，提升投稿命中机率

学术论文能否顺利发表是许多研究者投稿时经常遇到的问题。"如何提高投稿命中率？""如何使得论文尽早发表？"等问题经常困扰着诸多研究者。接下来，笔者将对上述问题进行详细论述。

一、学术期刊分类及投稿建议

在现代学术研究中，学术期刊不仅是学术信息传播的高效、关键媒介，还是教科研人员获取前沿、专业知识的宝贵资源，极大地推动了学术界的交流与合作。了解学术期刊，一方面有助于研究者厘清学术期刊的类型、质量等，筛选所需的期刊论文；另一方面也有助于研究者熟悉相关专业期刊的投稿要求、审稿标准等重要事项，从而选择合适的投稿期刊。

（一）期刊内涵分类

期刊是按照固定周期系列出版的刊物，如周刊、旬刊、月刊、季刊、半年刊、年刊等。每一期期刊都以数字编号或日期连续排列，每卷通常汇集了一系列独立的文章、故事或其他作品。其中的学术期刊尤为独特，它是经过同行严格评审的权威期刊，专注于特定学科领域。此类期刊上发表的文章多涉及学科前沿，其权威性、专业性不言而喻，旨在展示特定研究领域的最新成果，并发挥公示作用。其内容

主要包括原创研究、综述文章、书评等。

学术期刊可按照多种方式进行分类，大致包括四种分类方式。

第一，按照期刊注册地划分，可分为 CN 类刊物和 ISSN 类刊物。CN 类刊物是指在我国境内注册、国内公开发行的期刊，是我国当前鉴定期刊真伪的唯一标准。CN 刊号以 CN 为前缀，由 6 位数字和分类号组成，其格式为：CNXX-XXXX/YY，CN 代表中国，其后 2 位数字为地区号，缀后四位数字为刊物序号，斜线后面字母为图书分类号。ISSN 类刊物是指在我国境外注册，国内、外公开发行的刊物。ISSN 刊号是以 ISSN 为前缀，由 8 位数字组成，其格式为：ISSN XXXX-XXXX，前 7 位数字为顺序号，最后 1 位是校验位。

第二，按照期刊主管单位划分，可分为国家级期刊和省级期刊。国家级期刊由党中央、国务院及所属各部门，或中国科学院、中国社会科学院、各民主党派和全国性人民团体主办的期刊及国家一级专业学会主办的会刊。省级期刊是由各省、自治区、直辖市的各部门、委办、厅、局、所，省级社会团体和机构以及各高等院校主办，在新闻出版部门有登记备案，国内外公开发行的学术期刊。

第三，按照期刊级别划分，可分为普通期刊和核心期刊。核心期刊是某学科的主要期刊，一般是指所含专业情报信息量大、质量高，能够代表专业学科发展水平并受到本学科读者重视的专业期刊。目前，国内有七大核心期刊，分别为北京大学图书馆"中文核心期刊"（又称北大核心）、南京大学"中文社会科学引文索引（CSSCI）来源期刊"（又称南大核心）、中国科学院文献情报中心"中国科学引文数据库（CSCD）来源期刊"、中国科学技术信息研究所"中国科技论文统计源期刊"（又称中国科技核心期刊）、中国社会科学院文献信息中心"中国人文社会科学核心期刊"（又称社科院核心）、中国人文社会科学学报学会"中国人文社科学报核心期刊"、万方数据股份有限公司的"中国核心期刊遴选数据库"。国际上被国内普遍认可的核心期刊主要有四类，分别为 SCI（科学引文索引）、SSCI（社会科学引文索引）、EI（工程索引）以及 ISTP[①]（科技会议录索引）。这三大科技文献检索系统（SCI，SSCI，EI）不仅是科学研究中不可或缺的信息检索工具，也是衡量科研成果影响力与进行学术评价的国际通行标准，其中 SCI 尤为关键，被视为衡量科研质量的金标准之一。普通期刊主要有两大类，即国家级期刊和省级期刊，这两类期刊差别不大，因数量众多、发表周期相对短暂而备受青睐，成为当前广泛选择的期刊类型。尽管其中一些高水平的国家级或省级期刊同样具有发表难度，但与核心期刊相比，它们依然显得较为容易。

第四，按照学术期刊的性质划分为专业期刊、综合期刊、高校学报、党政报刊四类。

（二）期刊投稿建议

深入探索期刊的丰富多样性，可以帮助我们挑选出对工作或事业最有益的期刊。通常，出版物可被划分为"避而远之、谨慎选择、强力推荐"三个类别。明确自身研究领域的合适投稿期刊显得至关重要，尤其是那些被强烈推荐的期刊，它们将助力我们在学术道路上稳健前行。[②]

1. 避而远之型

若你论文发表经验有限或尚未发表，但渴望在事业上取得显著进步，务必避免选择以下出版物作为发表平台。

---

① ISTP 已合并入 Web of Science 的 Conference Proceedings Citation Index，但其作为会议文献索引的重要性依旧。

② [美]温迪·劳拉·贝尔彻. 学术期刊论文写作必修课[M]. 孙众，温冶顺，译. 北京：教育科学出版社，2015：132-142.

（1）报纸和杂志

首先，报纸和杂志主要面向的是普通读者，而非专业人士和学者，其影响力和传播范围可能有所局限。报纸所传播的新闻主题比较广泛，而杂志更多地关注某一特定领域或主题。尽管部分报纸和杂志具有权威性和排他性，但它们在学术领域的严谨性方面仍有待提高，有时会出现记者引用未经核实的二手或三手信息的情况。其次，这些平台上的文章篇幅有限，难以深入探讨问题的复杂性，且结论往往较为简单和笼统。最后，报纸和杂志的经营在很大程度上依赖于广告收入，这可能导致读者对其公正性产生质疑。综上所述，从学术的角度来看，报纸和杂志在权威性和专业性方面尚无法完全满足学术研究和发表的需求。

（2）新闻和信息期刊

新闻和信息期刊是特定领域和专业内发布的新闻文章和通告的集合，它们涵盖了该领域的最新发展趋势、独到的观点见解、深度评论、会议报告的书评、同行评审文献的精华摘要、重要的招聘启事以及基金的申请截止日期等信息。尽管这些期刊可能包含即将出版的书籍摘要，但通常不会收录经过严格同行评审的研究性文章，因此在学术界的影响力相对有限，学术认可度也相对较低。例如，《高等教育纪事报》由专职工作人员供稿，每周向大学教员和管理员提供新闻，不接受学者投稿，故无须考虑此渠道投稿。

（3）行业和专业期刊

行业和专业期刊专注于出版某一领域或专业内的技术或实践方面的文章。其技术倾向性在如工程、医药、商业或建筑业等行业中尤为明显，但同时也贯穿于诸如教育、设计、电影或考古学等具有实践元素的学科中。这些期刊中的文章往往不经过严格的同行评审，也不包含详尽的参考文献，而是采用一种更为非正式、更容易被该领域从业者接受的形式撰写。鉴于此，这类期刊并不适合专业性学者或非相关领域文章的投稿。

（4）会议论文集

会议论文集特指那些每年一期，仅收录并发表某个特定会议论文的期刊。然而，这类期刊存在两大局限性。一是许多论文集并不实际印刷出版；二是其科学严谨性往往不足。这些期刊通常不采用同行评审机制，甚至可能不经过严格的审稿或修改过程。对于青年学者而言，若想在学术道路上稳健前行，获得更高的学术认可，最好选择那些经过严格审查流程的专业学术期刊进行投稿。

2. 谨慎选择型

若你的论文发表经验有限或尚未发表，计划通过以下渠道发表时需慎重考虑，确保作品具备其他显著特点以平衡其学术地位的不足。

（1）有编辑的论文合集

这一类出版物是以书籍形式集结的论文合集，尽管与学术期刊在外观上相似，但其学术价值却有着本质的不同。一方面，论文合集的编辑往往是临时性的，且可能缺乏专业训练，存在未经作者同意就擅自修改文章的风险。另一方面，相较于学术期刊，论文合集的电子版普及程度较低，鲜有读者关注。尽管它们提供了相对容易的发表机会，对学生特别是初次发表者颇具吸引力，但鉴于上述原因，建议谨慎选择。这类合集更适合于那些已在同行评审期刊中发表过，或由于研究范围狭窄、描述性过强等原因难以被主流期刊接受的文章。

（2）非同行评审的学术期刊

非同行评审的学术期刊缺乏严谨的同行评审机制，仅仅依赖于编辑（或少数几位工作人员）的个人判断来决定文章的录用与否。整个过程中，既没有编辑部或评审委员会的集体讨论，也缺乏其他学者的审查和评估意见书。鉴于同行评审对于保障学术出版质量的重要性，所以不建议学者选择此类期刊。

（3）随笔期刊

随笔期刊主要发表的是篇幅较短的论文，通常不超过三个版面，因此有时在论点不够深入或思考不够周全时，可能会以随笔的形式呈现文章。对于学者而言，不建议特地为这类期刊投入大量时间和精力进行撰写，但如果你已有现成的随笔或文章片段，可以考虑适当修改后投稿。

（4）评论期刊

评论期刊专注于文献综述的出版，其中不乏对某一书籍的深入评述，以及运用批判性思维对文献整体演进脉络的独到见解，或是针对最新研究发现的热烈讨论。然而，尽管评论性作品展现了个人的独到见解，但由于在反映学者全面学术造诣方面存在局限，其学术价值往往不及原创研究或综述性文章。加之，部分评论性文章在期刊选择上面临挑战，发表难度甚至可能超过原创性研究，这无疑增加了其发表的门槛。因此，建议学者将研究性文章作为首要发表目标，这类文章不仅选刊范围广泛，且更受学术界的高度认可。

（5）本地期刊

本地期刊在发表文章时只局限于本地学者。如某些大学期刊主要服务于校内教授，小型协会主办的期刊则主要面向其会员。这类期刊存在较大的局限性。

（6）新的期刊

新的期刊由于各方面因素，可能会在出版一期或几期后便夭折。然而，若这些新期刊是由享有盛誉的大学出版社主办，拥有著名学者的编辑团队，并得到稳定的资金来源以及大学职员的全力支持，这样的期刊或可成为备选。然而，从稳妥性考虑，通常建议学者优先关注那些已经创刊并稳定运行三年以上的期刊。

（7）电子期刊

电子期刊是那些经过同行评审并仅在网络上发布或通过电子邮件传播的出版物（那些后期将纸质内容数字化的期刊并不属于此列）。虽然从数量上看，仅在线发表的期刊似乎与主要通过纸质出版的期刊旗鼓相当，但二者在本质上仍有所区别。电子期刊在思想传播的速度和互动性方面具有显著优势，其学术地位已逐渐与纸质期刊相匹敌。然而，鉴于电子期刊在质量和学术水平上的参差不齐，尤其是一些可能缺乏严谨性或存在伪造现象的期刊，我们在选择投稿或引用时需谨慎考量。

3. 强力推荐型

在选择投稿的期刊时，建议学者将精力聚焦于符合学术出版核心标准的这几类期刊：同行评审、有引用来源、详细说明文章研究方法、拥有专业造诣的作者。这类期刊以其高质量而享有盛誉，因而具有一定的竞争性，但它们并非遥不可及的目标。按照影响力从小到大顺序排列大致如下：

（1）区域性的期刊

区域性的期刊专注于某个特定区域（如特定国家、地区、省份或城市等）的研究。若区域范围较大时（比如中东或亚洲），其竞争力会相应增强；但若关注的区域较小，情况则会有所不同。由于关注点较窄、读者群较小，区域性期刊在同行评审期刊中的排名可能较低，但对于初次发表作品的作者而言，若作品内容与期刊的选题范围相契合，这无疑是一个绝佳的突破机会。

（2）成立时间较短的新兴期刊

相较于向全新期刊投稿的冒险之举，择优投稿至成立时间较短的新兴期刊可能是一个更为稳妥的选择。这类期刊拥有 3—7 年的发行历史，投稿量适中，文章积压较少，且常常积极寻求新的投稿。鉴于它们可能更倾向于与青年学者合作，这也为投稿者提供了更高的出版可能性。此外，通过观察期刊的卷数，我们可以大致推断其年龄，如拥有 8 卷的期刊便意味着其已历经 8 年的发展历程。

（3）跨学科的期刊

跨学科的期刊所发表的作品，通常涉及多个学科。在学术界，跨学科期刊一直与跨学科研究工作呈现出爆发式的同步增长。跨学科的期刊通常涵盖多个学科领域，可以提供更广泛的发表机会，新人学者可以将自己的研究成果在跨学科期刊上发表，获得更广泛的学术曝光和认可。同时，跨学科期刊可以吸引来自不同学科背景的读者和作者，新人学者有机会与其他领域的学者进行交流合作，促进学术互动和跨学科研究的发展。更重要的是，跨学科期刊的发表经历能激励新人学者突破学科界限，探索未知领域，培养创新能力和跨学科思维。

（4）领域内的期刊

领域内的期刊专注于某一特定学科或研究分支的前沿成果，占据了学术期刊的显著地位。尽管"领域"与"学科"常被混用，但笔者更倾向于用"领域"一词指代一门学科中的一个分支。例如，在教育学这个学科中，领域内的期刊有侧重于比较教育学领域的，如《比较教育研究》《全球教育展望》《外国教育研究》；有侧重于教育技术学领域的，如《电化教育研究》《现代教育技术》《现代远程教育研究》《中国电化教育》《中国远程教育》《远程教育杂志》；有侧重于高等教育领域的，如《高等工程教育研究》《高等教育研究》《高教探索》《江苏高教》《中国高教研究》；有侧重于教育经济学领域的，如《教育与经济》。同时，有一些领域内的期刊致力于很窄的研究领域，如《中国特殊教育》。还有一些致力于集合了多个学科的庞大领域，如《教育研究与实验》。领域内的期刊是青年学者提交作品的最好选择。然而，若学者已在其他领域发表数篇文章，却忽视了即将投身的工作领域内的期刊，那么有必要重新评估和调整其写作与投稿的策略，确保学术贡献与职业规划紧密相连。

（5）学科专业期刊

学科专业期刊专注于特定学科领域的研究成果，如《教育研究》《教育科学》《教育学报》等。然而，在这些权威期刊上发表文章的门槛很高。第一，由于学科领域内学者众多，每个期刊都面临着大量的投稿，因此拒稿率普遍较高。第二，相较于领域内的期刊，学科专业期刊更追求综合性和广泛影响力，要求发表的文章能吸引不同背景的读者。这意味着文章需具备宏观视角和深度阐述，写作难度相对较高。第三，这类期刊对于新兴观点或过于平庸的研究内容往往持保守态度，这也增加了发表的难度。

二、人文社科国内外核心期刊

（一）人文社科国内核心期刊

在探讨人文社会科学领域的学术发表时，了解核心期刊的具体情况对于研究人员至关重要。这些期刊不仅是学术成果传播的主要平台，也是衡量学者研究成果影响力的重要标尺。表 2-1 呈现了部分人文社科国内核心期刊的详情，涵盖了其创刊时间、主办单位、出版周期、定位、主要栏目、国内/国际刊号、影响因子、期刊级别等关键信息，可以为学者们选择合适的投稿目标提供有效参考。

表 2-1　部分人文社科国内核心期刊详情

期刊名称	创刊时间/年	主办单位	出版周期	定位	主要栏目	国内刊号 CN 国际刊号 ISSN	影响因子（2023版）复合因子	综合因子	期刊级别	期刊荣誉
《华东师范大学学报》（教育科学版）	1983	华东师范大学	月刊	高校中第一本教育科学专业类学报；教育类综合性学术刊物	教育理论研究、海外来稿、心理学理论研究、教育史理论研究、专题讨论等栏目	CN:31-1007/G4 ISSN:1000-5560	8.418	4.964	北大核心、CSSCI	"引文索引来源期刊""评价数据库来源期刊"；曾被评为全国优秀学报、上海最佳期刊
《教师教育研究》（原《高等师范教育研究》）	1989	北京师范大学、华东师范大学、教育部高等学校师资培训交流北京中心	双月刊	致力于全方位地研究解决教师教育中的理论问题和实际问题	新时期教师教育体系建构、资格制度与教师专业化、继续教育与职业发展、课程标准与教材建设、教学改革与探索、教育现代化与信息化、政策法规、调查研究等栏目	CN:11-5147/G4 ISSN:1672-5905	3.995	2.038	CSTPCD、CSSCI、北大核心	CSSCI来源期刊；被国家新闻出版总署收录；《CAJ-CD规范》获奖期刊；社科双百期刊；全国优秀社科期刊
《教育发展研究》	1980	上海市教育科学研究院、上海市高等教育学会	半月刊	刊登中国高等教育理论研究成果，探讨中国教育改革和发展问题，包括教育思想、教育规划、教育体制、教育与经济和社会的关系等内容	决策参考、研究性学习、热点论丛、专题、试点、民办教育、教师发展、学校发展、学校管理、课程改革、论坛、域外、院校研究、经验分享、广角、信息平台等栏目	CN:31-1772/G4 ISSN:1008-3855	3.91	2.329	北大核心、CSSCI	由中国人文社会科学期刊评价报告教育学类核心期刊收录；CSSCI中文社会科学引文索引（2021-2022）来源期刊

续表

期刊名称	创刊时间/年	主办单位	出版周期	定位	主要栏目	国内刊号 CN 国际刊号 ISSN	影响因子（2023版） 复合因子 综合因子	期刊级别	期刊荣誉
《教育科学》（原《教育科学研究》）	1985	辽宁师范大学	双月刊	刊登教育改革方面的论文及实验报告、国内外教育理论与实践研究的最新成果	教育基本理论研究、课程与教学研究、高等教育研究、基础教育研究、教师教育研究、比较教育研究等栏目	CN: 21-1066/G4 ISSN: 1002-8064	4.071 2.104	北大核心、CSSCI	CSSCI中文社会科学引文索引（2021-2022）来源期刊；全国教育类核心期刊；人大《复印报刊资料》重要转载来源期刊
《教育理论与实践》	1981	山西教育科学研究院、山西省教育学会	旬刊	繁荣教育科学研究、教育理论与实践，倡导教育理论和实践创新，服务教育学学科建设及教育改革和发展	教育基本理论、思想品德及素质教育、教育决策与管理、教学理论、教育心理学、教师论坛、青年论苑等栏目	CN: 14-1027/G4 ISSN: 1004-633X	1.946 0.823	北大核心	《CAJ-CD规范》获奖期刊
《教育学报》	1988	北京师范大学	双月刊	综合性教育理论期刊，注重学术性和理论性，服务于国内外教育理论工作者、教育行政管理者、教育教学实际工作者等	不设固定栏目，根据论文主题和内容组成若干板块，如高考综合改革研究、特殊教育教师研究、教师知识等	CN: 11-5306/G4 ISSN: 1673-1298	3.046 1.663	北大核心、CSSCI	CSSCI来源期刊；北大图书馆收录期刊；中国优秀期刊遴选数据库；中国科技期刊优秀期刊
《教育学术月刊》（原《江西教育科研》）	1984	江西省教育科学研究所、江西省教育学会	月刊	致力于发现、推介能够理论联系实际，在思想上和学术上具有高标准与高水平的创新力作，以服务于教育实践、教育决策与教育学科建设	理论研究政策与管理教师与学生发展课程与教学专题·影子教育研究、专题·劳动教育、专题·教育精准扶贫、专题·课程思政、专题·教育投入与产出	CN: 36-1301/G4 ISSN: 1674-2311	2.803 1.253	北大核心、CSSCI扩展版	北大图书馆收录期刊；中国优秀期刊遴选数据库；中国期刊全文数据库（CJFD）；中国科技期刊优秀期刊

续表

期刊名称	创刊时间/年	主办单位	出版周期	定位	主要栏目	国内刊号 CN 国际刊号 ISSN	影响因子（2023版）复合因子	综合因子	期刊级别	期刊荣誉
《教育研究》	1979	中国教育科学研究院	月刊	此期刊是我国改革开放以来历史最长的教育专业刊物；是教育理论界首选类的权威刊物，始终关注教育理论的前沿问题，引领开展重大教育理论和实践问题的探讨	不设固定栏目，会根据论文的主题和内容组成若干板块	CN：11-1281/G4 ISSN：1002-5731	9.253	6.134	北大核心、CSSCI、社科基金资助期刊	中文核心期刊排行榜教育总类排名第一；CSSCI中文社会科学引文索引中，以学术影响和学术地位评价指标的学术期刊影响因子排序中，连续位列教育学类第一
《教育与经济》	1985	华中师范大学、中国教育经济学研究会	双月刊	坚持创建具有中国特色的教育经济理论、为中国教育改革和发展服务、为教育经济学学科建设服务的教育经济类专业学术期刊	教育经济学重大理论与现实问题研究、教育经济热点问题调研、农村教育与农村经济发展、教育供求问题研究、教育与就业教育投资与教育财政问题研究、教育资源配置及其利用效率、研究生论坛等栏目	CN：42-1268/G4 ISSN：1003-4870	3.855	2.145	北大核心、CSSCI、社会基金资助期刊	湖北省优秀精品期刊；2015年被国家社科基金办评定为优良期刊
《开放教育研究》	1995	上海开放大学	双月刊	此期刊是向国内外公开发行的一本旨在传播开放与远程教育新思想、新理念、新技术和新方法的学术期刊	研究报告、本刊专稿、技术支撑、学术前沿、开放视点、编余札记、理论研究、理论探究、理论前沿等栏目	CN：31-1724/G4 ISSN：1007-2179	7.203	4.462	北大核心、CSSCI、JST	2013年入选"中国国际影响力优秀学术期刊"；北大图书馆收录期刊；中国优秀期刊遴选数据库；中国科技期刊优秀期刊

续表

期刊名称	创刊时间/年	主办单位	出版周期	定位	主要栏目	国内刊号 CN 国际刊号 ISSN	影响因子（2023版）复合因子	综合因子	期刊级别	期刊荣誉
《清华大学教育研究》（原《教育研究通讯》）	1980	清华大学	双月刊	主要报道教育思想与理论、教育改革与发展、教育政策与法律、国际与比较教育、中外教育史等方面内容的综合性教育期刊	教育思想与理论、教育改革与发展、教育组织与管理、教育经济与财政、教育政策与法律、国际与比较教育、课程与教学、教育文化与历史等栏目	CN: 11-1610/G4 ISSN: 1001-4519	3.219	2.276	北大核心、CSSCI	中国人文社会科学论文与引文数据库来源期刊；中文社会科学引文索引（CSSCI）核心期刊
《全球教育展望》（原《外国教育资料》《国际教育》）	1972	华东师范大学	月刊	综合类教育期刊，主要关注国际教改战略、课程理论与政策、教学理论与技术、考试与评价制度改革和教师教育改革五个领域	课堂转型、核心素养、儿童研究、普通教育与职业教育的融合、中考高考改革、中国传统课程等专栏	CN: 31-1842/G4 ISSN: 1009-9670	4.332	1.881	北大核心、CSSCI	CSSCI中文社会科学引文索引（2021-2022）来源期刊；北京大学《中文核心期刊要目总览》来源期刊；全国教育类核心期刊；入围国家新闻出版总署"中国期刊方阵"
《外国教育研究》（原《日本教育情况》《外国教育情况》）	1974	东北师范大学	月刊	国际与比较教育学科专业学术刊物，主要刊登外国的教育理论、思潮及流派	东北亚教育、外国中小学教育、职业教育、高等教育、教师教育、课程与教学论、学校道德教育、农村教育	CN: 22-1022/G4 ISSN: 1006-7469	2.531	1.185	北大核心、CSSCI、CSTPCD	曾获得《CAJ-CD规范》执行优秀奖；CSSCI来源期刊；《中文科技期刊数据库》（SWIC）来源期刊；北京大学《中文核心期刊要目总览》来源期刊

续表

期刊名称	创刊时间/年	主办单位	出版周期	定位	主要栏目	国内刊号 CN 国际刊号 ISSN	影响因子（2023版）复合因子	综合因子	期刊级别	期刊荣誉
《北京大学教育评论》（原《高等教育论坛》（内刊））	2003	北京大学	季刊	此期刊旨在贯彻"双百"方针，繁荣教育科学研究，为教育学学科建设及教育改革和发展服务	教育基本理论、课程与教学论、教育经济与财政、教育管理与政策、高等教育、基础教育、教育改革与发展、国际与比较教育、教育技术、教育史论	CN: 11-4848/G4 ISSN: 1671-9468	4.795	2.877	北大核心、CSSCI	CSSCI中文社会科学引文索引（2021-2022）来源期刊；北京大学《中文核心期刊要目总览》来源期刊
《比较教育研究》（原《外国教育动态》）	1965	北京师范大学	月刊	向教育工作者介绍各国教育情况，对中国以外其他国家的教育情况进行研究，以便促进中国教育的发展，加强中外教育比较和中国比较教育学科建设，提高学术研究水平	教育方针政策与比较研究、普通教育、高等教育、职业技术教育、师范教育、当代教育、教育理论和学派的研究比较、重要教育论文	CN: 11-2878/G4 ISSN: 1003-7667	2.703	1.43	北大核心、CSSCI、社科基金资助期刊	全国中文核心期刊；中国核心期刊遴选数据库；中国期刊全文数据库（CJFD）
《当代教育科学》（原《山东教育科研》）	1986	山东省教育科学研究所	月刊	探讨教育教学规律、普及教育科学理论、指导教育教学改革、荟萃教育科研成果	所设栏目主要涵盖专稿、教改前沿、决策与思考、品德教育、教学理论、学科教学、教育管理、教师继续教育	CN: 37-1408/G4 ISSN: 1672-2221	2.585	1.083	北大核心	全国中文核心期刊；RCCSE中国核心学术期刊

续表

期刊名称	创刊时间/年	主办单位	出版周期	定位	主要栏目	国内刊号 CN 国际刊号 ISSN	影响因子（2023 版）		期刊级别	期刊荣誉
							复合因子	综合因子		
《当代教育论坛》	2002	湖南省教育科学研究院	双月刊	《当代教育论坛》是一本有较高学术价值的大型双月刊，自创刊以来，选题新奇而不失报道广度，服务大众而不失理论高度。颇受业界和广大读者的关注和好评	教育发展、教育评论、教育管理、专题：劳动教育研究	CN: 43-1391/G4 ISSN: 1671-8305	4.006	1.81	北大核心	全国中文核心期刊；全国教育系统唯一党建期刊
《当代教育与文化》	2009	西北师范大学	双月刊	以创办导向正确、特色鲜明、立足西部、面向全国、放眼世界的精品教育学术期刊为目标	教育基本理论研究、民族教育与心理研究、课程与教学论研究、比较教育、校长论坛、书评、学术动态	CN: 43-1391/G4 ISSN: 1671-8305	1.908	0.801	北大核心	CSSCI 来源期刊；北京大学中文核心期刊要目总览之教育类扩版；列入浙江大学人文、进入 RCCSE 扩展版；被评为"全国高校优秀社科期刊"
《电化教育研究》	1980	中国电化教育研究会、西北师范大学	月刊	关注电化教育的基础理论建设和理论基础，关注电化教育领域的最新动向，对远程教育、教育新技术、海外电教、中小学电化教育亦关注	电教信息、理论探讨、教育信息化、课程与教学、学科建设与教师发展、历史与国际比较	CN: 62-1022/G4 ISSN: 1003-1553	6.831	3.978	北大核心、CSSCI	北京大学《中文核心期刊要目总览》来源期刊；CSSCI 中文社会科学引文索引来源期刊；RCCSE 中国权威学术期刊；被国家哲学社会科学学术期刊数据库、知网、万方、维普等平台收录

续表

期刊名称	创刊时间/年	主办单位	出版周期	定位	主要栏目	国内刊号 CN 国际刊号 ISSN	影响因子（2023版）复合因子 综合因子		期刊级别	期刊荣誉
《国家教育行政学院学报》	1999	国家教育行政学院	月刊	广泛交流教育管理改革的新经验、新认识及有关社科方面的新成果，关注教育管理、改革的热点和难点，引领教育管理研究的前行方向	建设教育强国、教育政策与制度研究、大学内部治理、思想政治教育、教育时论	CN：11-5047/D ISSN：1672-4038	4.216	2.96	统计源期刊、北大核心、CSSCI	CSSCI中文社会科学引文索引（2021-2022）来源期刊；被国家哲学社会科学学术期刊数据库、维普网、万方数据库、知网数据库收录；北京大学《中文核心期刊要目总览》来源期刊
《河北师范大学学报（教育科学版）》	1998	河北师范大学	双月刊	反映教育科学领域的重要研究成果和具有创新性的学术成果，促进国内外学术交流	教育评价改革专题、儿童教育与研究专题、教育信息化专题、职业教育与成人教育专题、国际与比较教育专题	CN：13-1286/G4 ISSN：1009-413X	2.995	1.68	统计源期刊、北大核心期刊	CSSCI中文社会科学引文索引（2019-2020）来源期刊；北京大学《中文核心期刊要目总览》来源期刊；中国人文社科核心期刊
《湖南师范大学教育科学学报》	2002	湖南师范大学	双月刊	旨在倡导学术创新、经世致用，既推重基础理论研究，又提倡应用型研究，尤为推重探讨学科前沿学术问题，开展学术争鸣和有独创性的稿件	教育人类学、教科书研究、教育基本理论研究、教育哲学研究、教育社会学研究、高等教育研究、成人教育研究、基础教育研究、德育研究	CN：43-1381/G4 ISSN：1671-6124	5.341	2.782	北大核心、CSSCI	CSSCI中文社会科学引文索引（2019-2020）来源期刊；北京大学《中文核心期刊要目总览》来源期刊；《中国学术期刊评价研究报告》A类核心期刊；"复印报刊资料"重要转载来源期刊；中国人文社科A类核心期刊

续表

期刊名称	创刊时间/年	主办单位	出版周期	定位	主要栏目	国内刊号 CN 国际刊号 ISSN	影响因子（2023版） 复合因子	综合因子	期刊级别	期刊荣誉
《全球教育展望》	1972	华东师范大学	月刊	始终秉持"全球考量、本土行动"办刊理念，紧密追踪全球教育研究最新理论，重点反映我国当前教育发展特别是课程改革的最新成果和热点问题，努力服务于有志于教育理论和教育实践的各界人士	课程改革20周年、课程教学基本理论、教材研究、教师教育研究	CN:31-1842/G4 ISSN:1009-9670	4.332	1.881	北大核心、CSSCI、统计源期刊	CSSCI中文社会科学引文索引（2019-2020）来源期刊；北京大学《中文核心期刊要目总览》来源期刊；CSTPCD中国科技论文与引文数据库（2018）收录
《外国教育研究》	1974	东北师范大学	月刊	内容涉及外国教育理论、思潮及流派，致力于研究和探讨当代外国教育的重要理论和实践问题	外国中小学教育、职业教育、高等教育、教师教育、课程与教学论、学校道德教育等，以东北亚教育为重要栏目	CN:22-1022/G4 ISSN:1006-7469	2.531	1.185	北大核心、CSSCI、统计源期刊	CSSCI中文社会科学引文索引（2019-2020）来源期刊；北京大学《中文核心期刊要目总览》来源期刊
《现代教育管理》	1981	辽宁教育研究院	月刊	紧密围绕现代教育管理理论与实践问题编发稿件，引导理论探索和实践应用，为教育行政决策提供咨询服务，为教育管理理论创新提供平台，为教育管理实践提供理论指导和典型示范	决策咨询、热点研究、教育政策、教育发展战略规划、院校改革与发展、教育督导与评价、教育法制建设、教育管理学学科建设	CN:21-1570/G4 ISSN:1674-5485	4.239	2.653	北大核心、CSSCI	《CAJ-CD规范》执行优秀奖期刊；中国期刊方阵双效期刊

续表

期刊名称	创刊时间/年	主办单位	出版周期	定位	主要栏目	国内刊号 CN 国际刊号 ISSN	影响因子（2023版） 复合因子 / 综合因子	期刊级别	期刊荣誉
《现代教育技术》	1991	清华大学	月刊	秉承"立足教育技术、推动学术研究、促进工作交流、服务行业发展"办刊宗旨，面向现代教育技术与信息化的诸多领域，为理论研究提供学术园地，为实践探索提供交流平台	行业资讯、年度策划、理论观点、教学研究、教育技术工作、网络与开放教育、教师专业发展、技术应用与开发等	CN:11-4525/N ISSN:1009-8097	4.082　2.258	北大核心、CSSCI	CSSCI中文社会科学引文索引（2019-2020）来源期刊；北京大学《中文核心期刊要目总览》来源期刊
《现代远程教育研究》	1988	四川开放大学	双月刊	主要报道先导性、即时性或综合性文章、侧重教育基础理论研究或理论性分析和探讨的文章、理论联系实际的问题研究、构建终身教育体系、研究终身学习政策和促进学习型社会实践的文章	本刊特稿、理论经纬、学术时空、国际交流、实践研究、终身教育、技术应用	CN:51-1580/G4 ISSN:1009-5195	7.844　5.475	北大核心、CSSCI、JST	CSSCI中文社会科学引文索引（2017-2018）来源期刊；北京大学《中文核心期刊要目总览》来源期刊；教育学核心期刊；RCCSE中国核心学术期刊；人大"复印报刊资料"重要转载来源期刊

续表

期刊名称	创刊时间/年	主办单位	出版周期	定位	主要栏目	国内刊号 CN 国际刊号 ISSN	影响因子（2023版） 复合因子	综合因子	期刊级别	期刊荣誉
《现代远距离教育》	1979	黑龙江开放大学	双月刊	介绍远程教育研究新理念，开拓远程教育新领域，反映远程教育研究新动态，提供远程教育理论新信息，引导远程教育研究新趋势，探索远程教育研究新热点	比较研究、终身教育、教育信息化、深度学习、教学设计、理论研究	CN: 23-1066/G4 ISSN: 1001-8700	4.192	2.446	北大核心、CSSCI、JST	曾被评为《CAJ-CD规范》执行优秀奖期刊、黑龙江省一级期刊、黑龙江省优秀期刊；RCCSE中国核心学术期刊；CSSCI中文社会科学引文索引（2017-2018）来源期刊；北京大学《中文核心期刊要目总览》来源期刊
《江苏高教》	1985	江苏教育报刊总社	月刊	站在高等教育学科前沿，着重从理论和实践两个方面研究、探索高等教育改革和发展的各类问题，充分发挥舆论先导、决策参谋、学术园地、信息桥梁、实践指导的作用	理论探讨、高等教育财政与经济、高教管理、教学研究、高校科研、师资队伍建设、学位与研究生教育、德育天地、学生工作、高职教育、成人高教、比较高等教育等栏目	CN: 32-1048/G4 ISSN: 1003-8418	2.792	1.922	北大核心、CSSCI	CSSCI中文社会科学引文索引（2021-2022）来源期刊；北京大学《中文核心期刊要目总览》来源期刊；北大图书馆收录期刊；中国优秀期刊遴选数据库

续表

期刊名称	创刊时间/年	主办单位	出版周期	定位	主要栏目	国内刊号 CN 国际刊号 ISSN	影响因子（2023 版） 复合因子	综合因子	期刊级别	期刊荣誉
《思想政治教育研究》	1985	哈尔滨理工大学	双月刊	秉承"服务学科发展，搭建交流平台，打造精品期刊"办刊宗旨，坚持"问题导向、实践创新、前瞻研究、学术争鸣"编辑方针，通过探索新时代思想政治教育的特点和规律，研究新形势下思想政治工作的热点、难点问题，指导工作，总结经验，沟通信息，为广大思想政治教育与德育理论工作者及一线教师提供交流平台，为推动思想政治教育学科发展和思想政治工作创新服务	本刊专稿、习近平新时代中国特色社会主义思想研究、社会主义核心价值观研究、马克思主义理论研究、意识形态与社会思潮研究、思想政治教育原理研究、思想政治理论课教学、思想政治工作、文化建设与育人研究、党建研究、比较思想政治教育、网络思想政治教育等栏目	CN:23-1076/G4 ISSN:1672-9749	3.131	1.306	北大核心	北京大学《中文核心期刊要目总览》来源期刊；人大报刊复印资料重要转载来源期刊；曾获评"全国高校百强社科期刊"

续表

期刊名称	创刊时间/年	主办单位	出版周期	定位	主要栏目	国内刊号 CN 国际刊号 ISSN	影响因子（2023版）复合因子	综合因子	期刊级别	期刊荣誉
《现代大学教育》	1985	湖南省高等教育学会和中南大学联合主办	双月刊	传承"百花齐放，百家争鸣"的人文传统，致力于推动现代大学教育理论与实践研究。刊载研究论文、调查报告、访谈录等，着力推荐独创性的思想成果、理论成果与实践成果	理论探索、学术争鸣、教育漫话、外域检视、德育寻径、史海钩沉、管理经略、改革纵论等栏目，内容涵盖高等教育学、教育学原理、比较教育学、教育史、课程与教学论等领域	CN：43-1358/G4 ISSN：1671-1610	1.781	1.368	北大核心、CSSCI	CSSCI中文社会科学引文索引（2021-2022）来源期刊；北京大学《中文核心期刊要目总览》来源期刊；JST日本科学技术振兴机构数据库（日）（2022）
《学位与研究生教育》	1984	国务院学位委员会	月刊	集学位与研究生教育的工作指导、理论研究、经验介绍和信息传播于一身的综合性高等教育学术刊物	专题研究、学术探索、导师论坛、研究生培养、研究生教学、研究生管理、研究生德育、招生与就业、评估与质量保障、学科建设与发展、比较与借鉴、争鸣、人物、著述评介、信息窗、资料、培养单位介绍等	CN：11-1736/G4 ISSN：1001-960X	2.561	1.908	北大核心、CSSCI	入选"中国期刊方阵"；北京大学《中文核心期刊要目总览》来源期刊；CSSCI中文社会科学引文索引来源期刊；被美国ULRICH国际期刊指南收录；入选"中国学术期刊综合评价数据库统计源期刊"

续表

期刊名称	创刊时间/年	主办单位	出版周期	定位	主要栏目	国内刊号 CN 国际刊号 ISSN	影响因子（2023版）复合因子 综合因子		期刊级别	期刊荣誉
《研究生教育研究》（原《教育与现代化》）	1986	中国科学技术大学	双月刊	紧跟我国研究生教育改革发展的时代步伐，聚焦研究生教育领域的重要理论问题、重大实践问题和关注度高的热点问题组织稿源，积极探索专业学术期刊跨越式发展的创新之路	理论探索、改革与发展、招生与培养、导师论坛、研究生教育评估、专业学位研究生教育、学科队伍建设、比较教育研究等	CN：34-1319/G4 ISSN：2095-1663	3.249	2.402	北大核心、CSSCI	两次获评"华东地区优秀期刊"；北京大学《中文核心期刊要目总览》来源期刊；CSSCI中文社会科学引文索引来源期刊
《中国大学教学》	1982	高等教育出版社	月刊	全国高等学校教学研究会与全国高等学校教学研究中心编辑的综合性高等教育教学刊物	专家论坛、论教谈学、基础课程论坛、教改纵横、教学评估、教学管理、教育技术、实验与实践教学改革、外语教学改革、讲座选萃、教材建设等	CN：11-3213/G4 ISSN：1005-0450	4.417	3.563	北大核心	中文社会科学索引（CSSCI）来源期刊
《中国高等教育》（原《高教战线》）	1965	中国教育报刊社	半月刊	教育部所属的全国唯一的高等教育指导性、综合性期刊；教育部及各业务司与高等学校沟通的重要纽带和桥梁	人物风采、科技与产业、教坛广角、管见篇、新世纪教材改革与建设、外国高教之窗	CN：11-1200/G4 ISSN：1002-4417	2.117	1.385	北大核心、CSSCI	双效期刊；北京大学《中文核心期刊要目总览》来源期刊

续表

期刊名称	创刊时间/年	主办单位	出版周期	定位	主要栏目	国内刊号 CN 国际刊号 ISSN	影响因子（2023版）		期刊级别	期刊荣誉
							复合因子	综合因子		
《中国高教研究》（原《高等教育学报》）	1985	中国高等教育学会	月刊	宣传贯彻党的教育方针，研究推进中国特色、世界水平的现代高等教育，引领高等教育理论与实践创新的思想库，交流宣传高等教育学术研究成果的主阵地	高等教育理论研究、学位与研究生教育研究、学科建设研究、研究与探索、教育法制研究、教师教育研究、院校研究、比较教育研究、教育经济与政策研究、高等职业教育研究、课程与教学研究等	CN：11-2962/G4 ISSN：1004-3667	5.959	4.49	北大核心、CSSCI、AMI综合评价（A刊）核心期刊	中国期刊方阵、双效期刊；中文社会科学引文索引收录来源期刊；北京大学《中文核心期刊要目总览》来源期刊
《中国高校科技》（原《中国高校科技与产业化》）	1987	教育部科技发展中心	月刊	面向全国高等学校的教育、科技、产业工作的大型理论与实践结合的权威性、指导性、学术性综合期刊	创新体系建设、"双一流"建设、科研管理、国际视野、科研育人、产学研用等等	CN：10-1017/N ISSN：1671-8615	2.017	1.448	北大核心	北京大学《中文核心期刊要目总览》来源期刊
《成人教育》	1981	黑龙江教师发展学院	月刊	我国最早创办的成人教育学术性专业期刊	学者理论、新视野、课题成果、理论研究、实践探索、学科纵横等	CN：23-1067/G4 ISSN：1001-8794	2.044	1.06	北大核心	《成人教育学刊》同类期刊转载量排名连续5年第一；《中国期刊全文数据库》全文收录期刊（CJFD）；北京大学《中文核心期刊要目总览》来源期刊

续表

期刊名称	创刊时间/年	主办单位	出版周期	定位	主要栏目	国内刊号 CN 国际刊号 ISSN	影响因子（2023版）复合因子	综合因子	期刊级别	期刊荣誉
《教育与职业》	1917	中华职业教育社	半月刊	我国创刊最早、历史最久的职业教育期刊	特稿、专题、研究与探索、教育建言、教育管理、成人教育、农村教育、职业指导、教师与学生、德育研究、心理健康教育、比较教育、课程与教学等栏目	CN: 11-1004/G4 ISSN: 1004-3985	2.542	1.536	北大核心	北京大学《中文核心期刊要目总览》来源期刊
《民族教育研究》	1980	中央民族大学	双月刊	民族教育刊物，旨在宣传党的民族教育政策，探索民族教育的规律和特点，发展民族教育事业，是我国目前唯一向国内外发行的民族教育研究方向的学术理论期刊	民族教育理论、各级各类民族教育管理、民族教育史、教育人类学、双语教育、中国国外民族教育、教育局长论坛等栏目	CN: 11-2688/G4 ISSN: 1001-7178	3.121	1.955	北大核心、CSSCI	《CAJ-CD规范》获奖期刊、全国民族地区名刊；CSSCI中文社会科学引文索引（2019-2020）来源期刊（含扩展版）；北京大学《中文核心期刊要目总览》来源期刊
《职教论坛》	1985	江西科技师范大学	月刊	面向全国公开发行的职业技术教育综合性刊物	名家视野、理论经纬、专题报道、经验交流、成人教育、职教论语、海外纵览、教坛视点等栏目	CN: 36-1078/G4 ISSN: 1001-7518	2.71	1.716	北大核心、CSTPCD	北京大学《中文核心期刊要目总览》来源期刊；全国优秀职教期刊一等奖；江西省优秀社会科学期刊奖；江西省十佳优秀期刊

续表

期刊名称	创刊时间/年	主办单位	出版周期	定位	主要栏目	国内刊号 CN 国际刊号 ISSN	影响因子（2023版） 复合因子 综合因子		期刊级别	期刊荣誉
《职业技术教育》	1980	吉林工程技术师范学院	旬刊	职教刊物，旨在宣传国家职业技术教育的方针政策，开展教学理论研究，介绍教学改革新鲜经验，为职教教师和教学工作者提供理论与方法借鉴	改革前瞻、创新视域、校企合作教育评价、学生发展、国际比较等栏目	CN: 22-1019/G4 ISSN: 1008-3219	1.914	1.197	RCCSE核心、北大核心	中国期刊方阵、双效期刊；《CAJ-CD规范》获奖期刊；吉林省政府精品期刊；吉林省一级期刊；2014年"中国国际影响力优秀学术期刊"；北京大学《中文核心期刊要目总览》来源期刊
《中国特殊教育》	1994	中国教育科学研究院主办	月刊	《中国特殊教育》杂志是我国特殊教育领域唯一核心学术期刊。作为反映我国特殊教育研究最高水平的主要窗口，《中国特殊教育》不仅在中国特殊教育界享有很高的声誉，在国际上也有一定影响	全纳教育、特殊教育理论研究、听力障碍研究、视力障碍研究、智力障碍研究、评估与测量、治疗与康复、孤独症研究、学习障碍研究、超常教育研究、青少年心理发展、心理健康研究、职业教育与高等特殊教育等；杂志还设有名校科研、名师风采专栏	CN: 11-3826/G4 ISSN: 1007-3728	3.807	1.837	北大核心、CSSCI扩展版	2019年10月中国国际影响力优秀学术期刊荣誉称号；中国学术期刊网（CNKI）来源期刊

续表

期刊名称	创刊时间/年	主办单位	出版周期	定位	主要栏目	国内刊号 CN 国际刊号 ISSN	影响因子（2023版） 复合因子 综合因子	期刊级别	期刊荣誉
《中国远程教育》	1981	国家开放大学	月刊	综合性教育理论学术期刊，关注重大教育理论与政策，推动科技赋能教育，反映国际学术前沿，聚焦本土教育改革，扶持青年学者成长，繁荣中国教育事业	学术论坛、国际论坛、开放学习、实践探索、信息化教育、技术应用、媒体聚焦、新闻观、专家论坛、学习化社会等栏目	CN: 11-4089/G4 ISSN: 1009-458X	2.362　1.593	CSSCI、AMI综合评价（A刊）核心期刊	中国期刊方阵双效期刊；中国科学评价研究中心（RCCSE）核心期刊
《中国职业技术教育》	1993	教育部职业技术教育中心研究所、中国职业技术教育学会、高等教育出版社和北京师范大学	旬刊	《中国职业技术教育》杂志是综合性中文期刊，集政策指导性、学术理论性和应用服务于一身，是教育部指导全国职业教育工作的重要舆论工具，是服务各级各类职业教育机构的主要阵地	职教要闻、文件选、专稿·专访、综合改革、管理方略、行业企业论坛、课程与教材研究与探索等栏目	CN: 11-3117/G4 ISSN: 1004-9290	5.608　3.639	北大核心、JST、CSSCI	中国知网、万方数据库、北京大学《中文核心期刊要目总览》来源期刊

（二）人文社科国外核心期刊

为成功投稿人文社科领域的国外核心期刊，首先需要明确该领域主要的期刊有哪些。表 2-2 详细列出了主要的人文社科国外核心期刊，为投稿者提供了重要的参考信息。

表 2-2　部分人文社科国外核心期刊详情

期刊名称	中文译名	创刊时间/年	出版国家	出版周期	定位	国际刊号（ISSN）	影响因子	期刊级别
Review of Educational Research	《教育研究评论》	1931	美国	双月刊	该期刊发表对教育研究文献的批判性综合评论，包括与教育和教育研究广泛相关的领域中的文献和学术著作的概念化、解释和综合。它鼓励提交任何与学科、教育相关的研究，例如心理学、社会学、政治学、经济学、计算机科学、统计学、人类学和生物学的研究综述	1935-1046	11.2	SSCI
Child Development	《儿童发展》	1930	美国	双月刊	该期刊作为儿童发展研究学会（SRCD）的旗舰期刊，自 1930 年以来就儿童发展领域的各种主题发表论文、评论和教程。该期刊涵盖多个学科的最新研究成果，适用于各种儿童精神病学家、临床心理学家、精神病学社会工作者、幼儿教育专家、教育心理学家、特殊教育教师和其他研究人员	0009-3920	4.6	SSCI
ETR&D-Educational Technology Research and Development	《教育技术研究与发展》	1990	美国	双月刊	该期刊是完全专注于教育技术研发的学术期刊	1042-1629	5.0	SSCI
Computers & Education	《计算机与教育》	1976	英国	年16期	该期刊为计算机学科与教育学科交叉研究领域影响因子排名居首的国际顶级期刊。其旨在打造一种学术水平高、可读性强、具有全球影响力的学术期刊。审稿速度一般为3—6周。该刊已入选 SSCI、SCIE 来源期刊	0360-1315	12	SSCI
Computers in Human Behavior	《人类行为中的计算机》	2001	美国	月刊	该期刊是一本致力于从心理学角度研究计算机使用的学术期刊。既涉及心理学、精神病学及相关学科中有关计算机使用的研究，也涉及计算机对个人、团体和社会的心理影响的研究，是人机交互领域最负盛名的学术期刊之一。该期刊为 SSCI 期刊，目前，已被 Web of Science，Elsevier ScienceDirect 等多个数据库编入索引	0747-5632	9.9	SSCI

续表

期刊名称	中文译名	创刊时间/年	出版国家	出版周期	定位	国际刊号（ISSN）	影响因子	期刊级别
International Journal of Computer-Supported Collaborative Learning	《国际计算机辅助协作学习杂志》	2006	美国	季刊	作为国际学习科学学会的官方出版物，该期刊促进了对计算机支持协作学习性质、理论和实践的深刻理解。该杂志为来自教育、计算机科学、信息技术、心理学、传播学、语言学、人类学、社会学和商业等学科的专家提供了一个论坛。	1556-1607	4.6	SSCI
Journal of the Learning Sciences	《学习科学杂志》	1991	美国	年5期	该期刊是国际学习科学学会的两个官方期刊之一，为教育和学习研究提供了一个多学科论坛，为人们如何学习和学习环境设计的理论提供信息。它发表的研究阐明了学习过程，以及设计技术、教学实践和学习环境以支持不同环境中学习的方式。其文章借鉴了认知科学、社会文化理论、教育心理学、计算机科学和人类学等不同领域的理论框架。提交不限于任何特定的研究方法，但必须基于严格的分析，为人们如何学习和/或如何支持和增强学习提供新的见解	1050-8406	3.8	SSCI
Journal of Computer Assisted Learning	《计算机辅助学习杂志》	2010	英国	双月刊	该期刊是一本国际同行评审期刊，涵盖了信息、通信技术支持学习和知识交流的所有用途。其选择使用实际学习的测量作为主要但不是唯一的研究方式。通过这种方式，该期刊旨在为研究人员之间以及研究人员、从业者和政策制定者创造沟通交流渠道	0266-4909	5.0	SSCI
Internet and Higher Education	《互联网与高等教育》	2004	美国	季刊	该期刊旨在促进高等教育技术发展以及支持数字学习领域的研究人员、专业人员和从业者从各种文化角度传播重要学术著作和信息交流；促进科学知识的进步；并向读者介绍数字技术在高等教育学习、培训、研究和管理中应用的最新发展	1096-7516	8.6	SSCI

续表

期刊名称	中文译名	创刊时间/年	出版国家	出版周期	定位	国际刊号（ISSN）	影响因子	期刊级别
Computer Science and Information Systems	《计算机科学与信息系统》	2007	塞尔维亚	年3期	该期刊是一本国际参考期刊，在塞尔维亚出版，它的目的是交流计算机科学、软件工程和信息系统领域重要的研究和开发成果。出版的原创论文具有持久的价值，涵盖计算机科学的理论基础和商业、工业或教育方面，为软件和信息系统的设计和实现提供新的见解。除了广泛的常规问题外，它还包括涉及计算机科学和信息系统所有领域的特定主题的特殊问题	1820-0214	1.4	SCIE
Developmental Psychology	《发展心理学》	1984	美国	月刊	该期刊的文章显著推进了有关整个生命周期发展的知识和理论。侧重于开创性的实证贡献，也会发表学术评论和理论或方法论文章。	0012-1649	4.0	SSCI
Reading Research Quarterly	《阅读研究季刊》	1965	美国	季刊	该期刊目前的编辑是琳达·甘布尔（克莱姆森大学）和苏珊·纽曼（纽约大学）。该期刊是代表国际扫盲协会出版的三种期刊之一。根据期刊引用报告，在203本"教育与教育研究"类期刊中排名第五，在51本"心理学、教育"类期刊中排名第五	0034-0553	4.2	SSCI
Journal of Research in Science Teaching	《科学教学研究杂志》	1963	美国	年10期	该期刊为科学教育研究者和实践者发表关于科学教与学和科学教育政策问题的报告。该期刊发表的文章包括但不限于采用定性、人种志、历史、调查、哲学、案例研究、定量、实验、准实验、数据挖掘和数据分析方法的调查；意见书；政策的观点；文学评论；以及评论和批评	0022-4308	4.6	SSCI
Sociology of Education	《教育社会学》	1980	美国	季刊	该期刊为教育社会学、人类社会发展等相关研究提供平台。该期刊发表研究报告、调查社会机构和个人的行为，涉及不同层次的分析，包括个人、社会和教育机构之间的关系结构。该杂志的研究成果影响着教育进程和社会发展	0038-0407	3.9	SSCI

续表

期刊名称	中文译名	创刊时间/年	出版国家	出版周期	定位	国际刊号（ISSN）	影响因子	期刊级别
Contemporary Educational Psychology	《当代教育心理学》	1976	美国	季刊	该期刊出版的文章涉及心理学、理论和科学在教育过程中的应用等主题，特别强调对实证研究的描述以及对教育过程的理论介绍，且非常重视研究方法的质量	0361-476X	10.3	SSCI
Research in Higher Education	《高等教育研究》	1973	荷兰	年8期	该期刊发表与中学后教育有关的研究问题，具体包括访问和保留、学生的成功、公平、师资问题、机构生产力和评估、中学后教育治理、课程和教学、州和联邦高等教育政策和中学后教育的融资等。该期刊对使用各种方法的研究持开放态度，特别是将先进的定量研究方法应用于高等教育问题的研究。该杂志还鼓励除高等教育学以外的其他学科的学者提交论文，也鼓励通过除美国以外的其他研究解决读者感兴趣的问题	0361-0365	2.1	SSCI
European Journal of Education	《欧洲教育杂志》	1931	英国	季刊	该期刊从国际角度审视、比较和评估欧洲国家的教育政策、趋势、改革和方案，向广大学术界、研究人员、从业者和教育科学学生传播政策辩论和研究成果	0141-8211	2.4	SSCI
Innovative Higher Education	《创新高等教育》	1976	美国	年6期	该期刊是一本致力于将高等教育中的新思想包装成简单易懂的语言的高被引的学术期刊。它的四个主要目的：①对当前具有挑战性和创新性的新思想进行描述和评估，这些新思想与高等教育当前背景之外的行动相关；②关注这些创新思想对教学和学生产生的影响；③对不同形式的学术和研究方法持开放态度，在选择适合期刊的主题时保持灵活性；④通过以可读和学术的方式向学术界的教职员工和管理人员展示文稿，以求在实践和理论之间找到平衡	0742-5627	2.2	ESCI

续表

期刊名称	中文译名	创刊时间/年	出版国家	出版周期	定位	国际刊号（ISSN）	影响因子	期刊级别
Studies in Educational Evaluation	《教育评估研究》	1975	荷兰	季刊	该期刊发表"评估研究"的原始报告，包括四种类型：①代表世界各地教育系统评估实践的实证评估研究；②与评估"教育计划，教育机构，教育人员和学生评估"所涉及问题的理论思考和实证研究；③总结一般评估或特定主题的最新技术的文章；④书籍评价研究的综述和简要摘要	0191-491X	3.1	SSCI
Learning and Instruction	《学习与指导》	1991	英国	双月刊	该期刊为发表学习、发展、教学和教学领域最先进的科学研究提供平台	0959-4752	6.2	SSCI
British Educational Research Journal	《英国教育研究杂志》	1995	英国	双月刊	该期刊在方法上是跨学科的，包括案例研究、实验和调查报告、概念和方法问题的讨论、教育研究中的基本假设、进行中的研究报告和书评	0141-1926	2.3	SSCI
Comparative Education	《比较教育》	1995	英国	季刊	该期刊在比较教育领域进行理论、概念和方法论的辩论。该期刊发表了对教育现象、政策和发展的严格分析，这些现象、政策和发展具有理论和实践意义，并与学者、决策者和从业者有关联。该期刊特别感兴趣的是深入研究国际、跨国和国内力量在形成教育思想、教育体系和教学模式方面的相互作用	0305-0068	3.3	SSCI
Theory into Practice	《理论付诸实践》	1962	美国	季刊	该期刊以多角度、学术性、实践性和引人入胜的方式讨论教育的重要问题，涵盖了教育各个层次和领域，包括学习和教学、评估、教育心理学、教师教育与专业发展、课堂管理、咨询服务、管理和监督、课程、政策和技术	0040-5841	3.2	SSCI

续表

期刊名称	中文译名	创刊时间/年	出版国家	出版周期	定位	国际刊号（ISSN）	影响因子	期刊级别
Comparative Education Review	《比较教育评论》	1957	美国	季刊	该期刊（CER）是比较与国际教育学会的旗舰期刊。其编辑团队在比较和国际教育领域追求更大的批判性参与、质疑和创新。其致力于在理论和实践应用中发表严谨的原创研究，寻求跨越性别、种族、文化和宗教多样性的代表。此外，编辑们试图通过提高对历史上代表性不足的地区、背景和主题中整个生命周期的教育话语的认识来推进该领域。该期刊强调促进多学科研究，重视不同的观点和方法，以扩展和超越目前世界各地对教育的理解方式	0010-4086	1.8	SSCI
The Review of Higher Education	《高等教育评论》	1878	美国	季刊	该期刊旨在使学者、学术领袖和公共政策制定者了解当今高等教育面临的关键问题，被认为是该领域领先的研究期刊之一。其通过发表同行评审的实证研究、基于实证的历史和理论文章以及学术评论和论文来推进学院和大学问题的研究，从而推动学院和大学的研究向前发展	0162-5748	1.8	SSCI
Educational Research	《教育研究》	1958	美国	季刊	该期刊是一本国际同行评审的研究期刊，其作为美国国家教育研究基金会（NFER）的期刊，致力于向政策制定者和从业者发表学者、研究人员和那些关心调解研究结果的人感兴趣的研究，并以读者可以理解的方式呈现教育研究。该期刊范围广泛，致力于发表定量和定性研究文章、文献综述和理论讨论文章，涉及教育中的批判性探究。这种广泛的覆盖面使得读者能够讨论影响全球教育和教育机构的热点问题和政策	0013-1881	3.5	SSCI

第二节 掌握期刊投稿流程，加快论文发刊速度

期刊投稿流程是什么？期刊投稿都有哪些常见步骤？投稿时又要注意哪些事项？诸多问题困扰着当今学生和青年学者。基于此，笔者将在下文中对上述问题进行详细论述。

一、学术论文投稿的一般流程

学术论文投稿是一项细致且不容忽视的任务，尽管论文类型繁多，学术层次各异，但它们通常都遵循一套标准化的投稿流程。学术论文投稿一般遵循"选择期刊—论文排版与完善—论文投稿—论文审稿—办理版面费—安排版面—论文出刊—样刊邮递"这八个流程。以下是对这八个流程的具体阐述。

（一）选择期刊

第一，预设目标期刊。预设目标期刊时，应考虑以下几方面：①期刊影响因子。一个专业性强且影响因子高的期刊，能够确保个人的研究成果获得更多关注和认可，并根据个人研究方向进行精准筛选。②期刊发表要求。不同期刊的发表要求不尽相同，如是否需要提前提交摘要、特定的格式规范等，确保我们的论文符合期刊的投稿标准。③审稿周期和费用问题。要了解期刊的审稿周期和发表费用等问题，这有助于合理规划时间和预算。④期刊的学术声誉和影响力。在

选择期刊之前，可通过查阅期刊数据库、阅读其发表的论文及与同行交流等方式，深入了解期刊的历史、学术水平及编辑团队背景，以确保所选期刊与自身研究成果的学术价值相匹配。

第二，多方面搜集目标期刊信息。例如，可以借助知网、小木虫网站和万维书刊网等网站来精准匹配自己的研究内容与期刊的研究范畴。其中，知网可以查询期刊的影响因子及年度主题；小木虫网站可以查询 SCI 点评和期刊投稿者的经验分享；万维书刊网可以查看期刊的相关信息，还能倾听投稿人的投稿心得与期刊评价。

第三，选定预投稿期刊。综合考虑投稿周期及个人需求，以选定最适合的预投稿期刊。

综上，选择期刊的过程不仅是对自身研究内容的深度再审视，也是为研究成果寻找最佳展示平台的关键步骤。一个优质的期刊不仅能够显著提升我们研究成果的知名度和认可度，还能成为推动该学术领域深入探讨与发展的重要动力。因此，每一次的期刊选择都显得尤为关键。

（二）论文排版与完善

"稿约"（又称"投稿指南""投稿须知"）是论文投稿前必须仔细研读的重要文件，它详细规定了期刊介绍、投稿内容、投稿方式、稿件格式、报告规范等一系列硬性要求，是论文排版与完善的权威参考，也是确保稿件正确提交的第一步。"稿约"可在预投稿期刊官网导航栏处下载。由于不同学术期刊对排版和投稿格式有着特定的要求，若忽视这些要求，所投稿件可能会遭到目标期刊的直接拒绝，或要求修正后重投。因此，仔细阅读"稿约"并按照要求完善论文，是投稿过程中不可或缺的一环。

在准备投稿论文时，务必仔细对照期刊官方发布的"投稿须知"信息，对论文进行精确的排版与完善。Word 是进行论文排版时最常使用的工具，但易产生缩进、行号、编号错乱等问题，尤其需要注意行间距、边距、引用及交叉引用等设置的准确性。若论文需大幅修改，自动编号的变动亦需谨慎处理。为提高排版效率，推荐使用 LaTeX 进行排版，它基于代码控制论文格式，一旦代码编写完成，排版便自动生成，更加便捷。同时，不同期刊对参考文献格式的要求各异，EndNote 作为一款强大的文献管理软件，能方便地从知网或 Google Scholar 导出所需格式的引用，并快速切换至期刊指定格式。此外，还需仔细比对并修改文题、作者信息、摘要、关键词、专业名词、图表、计量单位、数字、缩略语、参考文献及字数等，确保所有内容均符合期刊要求。最后，根据期刊的具体规定，准备并提交必要的单位推荐信、基金项目证明、润色证明、版权和利益冲突声明等相关文件，以确保投稿的完整性和合规性。

（三）论文投稿

首先，在投稿前务必在期刊的官方网站上注册一个专属账号。注册时，请确保准确无误地填写您的个人姓名、所属单位、常用邮箱以及联系地址等信息，以便于后续与期刊编辑部的顺畅沟通。此外，推荐使用 ORCID（开放研究者与贡献者身份识别码）进行注册，它不仅能有效区分不同研究人员的工作，避免同名者之间的混淆，还能在大学、学系和学院等层面便捷地追踪您的研究成果。

其次，上传稿件。当前投稿主要有三种途径：信函投稿、电子投稿以及杂志社渠道投稿。其中，电子投稿已成为主流选择，如使用 Word 文档等电子格式。完成注册后，投稿人须按照期刊的在线指引系统逐步上传稿件，通常，稿件应包含文章类型、题目、作者名单、摘要、关键词、正文、图表等关键部分。上传完成后，系统会自动为您生成一个 PDF 稿件，请务必下载并仔细检查其内容的正确性与完整性。若在 PDF 稿件中发现任何错误，可登录期刊投稿系统进行更改。此外，需要注意的是，论文投稿成功后，由匿名审稿人进行审稿，因此在稿件中切勿透露任何可能暴露个人身份的信息，如姓名、学校等。投稿后，可以登录官网查看投稿状态，及时了解审稿进度。

（四）论文审稿

投稿后论文便进入到审稿环节，一般包括初审、专家审稿（外审）、复审三个环节。其中专家审稿是关键。

初审，是在期刊社内部进行，作为初步筛选的关键步骤，主要确保论文与期刊主题相契合，通常质量无大碍的论文均能顺利通过。

专家审稿即外审，是论文投稿流程中至关重要的一环。在这一阶段，论文会被送往外部单位的专家们进行审阅。对于许多高水平刊物而言，专家外审环节不仅是必要的，而且极为严格。通常由 1—5 位专家参与审稿。外审次数主要取决于论文质量，质量好可能一次性通过；若需要修改且作者能认真对待并精心修改，通常 1—3 次后也能通过；若论文存在较多问题且作者未能认真进行修正，那么外审的次数将会增加，甚至可能遭到外审专家的拒绝录用。

论文发表过程中，复审环节是贯穿始终的。对于经过退修处理的文章，它们都将经历复审，并且退修的次数与复审的次数呈正相关，即退修次数越多，相应的复审次数也会增多。因此，复审的次数在一定程度上成为影响论文发表周期长短的关键因素。

论文审稿周期长短不一，长者可达一年，短则数月，其间会经历多次反复修改。作为作者，当接收到审稿人的意见时，首先要保持平和的心态，冷静应对。对于审稿人提出的每一个问题，都应逐一详细回答，并尽量满足其中需要补充的实验要求。如果因某些原因无法满足，也需明确说明原因。

（五）办理版面费

在稿件成功经过初审、外审、终审等一系列审查流程，并收到期刊社正式录用通知后，接下来需进行版面费的缴纳。版面费的缴纳与否，通常取决于期刊社的规定。一般而言，在收到录用通知后，期刊编辑会明确告知版面费的缴纳金额和方式。作者可访问期刊官网，下载论文版面费缴纳办理指南，并遵循其中的具体要求完成版面费支付。此外，若通过论文发表机构代投，务必在确认录用通知书真实有效后，再进行版面费的缴纳，以确保权益不受损害。

版面费的办理流程因投稿期刊的不同而有所差异，一般分为两种情况：一是投稿至外校或其他机构主办的期刊，一般通过银行汇款至指定的学校账户，并备注汇款信息。也可以通过邮局汇款至期刊社，由期刊社统一到财务处开具发票并办理缴费及发票邮寄手续。二是投稿至本校或本研究院主办的期刊，版面费的缴纳过程则更为便捷。可以直接到期刊社发行部办理缴费手续并开具发票，无需再经过银行或邮局等中间机构。

（六）安排版面

当论文确定录用后，则正式进入期刊出版流程。在此过程中，由期刊社编辑负责安排刊期，并按照既定日期出版见刊。但也有少部分论文的发表可能会面临延期，原因较多。例如，某些论文需要加急处理，或者期刊会根据特定的主题进行排版，待该主题下的所有文章征集完毕后才会统一进行排版和发表。但通常而言，文章的发表时间主要是根据期刊的征稿时间安排而定。期刊社会提前1至3个月开始征稿，待当前期号满额后，便开始着手征集下一期的稿件。

（七）论文出刊

论文出刊指的是期刊在预定的时间面向广大读者进行发布，但这并不意味着论文就已经成功发表。论文发表的真正标志在于其见刊并被相应的检索系统收录。见刊是指期刊社经过审稿并决定录用某篇论文后，将其刊登在先前承诺的期刊期数上。在论文发表的过程中，见刊和出刊是两个不同的环节，且见刊通常发生在出刊之前。具体而言，见刊意味着文章已经被正式刊登在刊物上并准备出版，而出刊则是指刊物经过印刷后正式向公众发布。出刊象征着论文发表流程的最后一个阶段，标志着文章已经完成了从撰写到发表的完整过程。

（八）样刊邮递

期刊的样刊邮递时间因期刊而异，一般来说，在期刊出刊后一周左右作者能收到样刊。期刊邮递主要采取两种方式。一是印刷厂邮寄给作者。大部分期刊社在期刊印刷前会将作者的地址信息提供给印刷厂，待印刷完成后，印刷厂会直接将样刊邮寄给作者。二是期刊社邮寄给作者。期刊在印刷厂印好后会整体打包邮寄给期刊社，再由期刊社统一将样刊邮寄给作者。这种方式相对于直接由印刷厂邮寄可能会稍有延迟。通常期刊社会默认赠送作者1—2本纸质样刊。若一篇文章有多个作者，且需要更多的样刊数量，作者需要与期刊社额外沟通或付费购买期刊。需要特别注意的是，学术期刊的印刷数量有限，因此在出刊前后，作者应主动向期刊社询问邮寄单号。未拿到刊物时要及时联系。此外，对于赠送的样刊，务必在扫描后妥善保管，切勿遗失。

按照上述学术论文投稿流程，笔者分别选取《电化教育研究》和 *Review of Educational Research* 对其进行详细阐释，具体学术论文投稿流程如下：

例 1：《电化教育研究》投稿流程

《电化教育研究》由西北师范大学、中国电化教育研究会主办，电化教育研究编辑部编辑出版，面向国内外公开发行。该期刊是中文核心期刊、CSSCI 来源期刊、RCCSE 中国权威学术期刊、AMI 核心期刊、复印报刊资料重要转载来源期刊。《电化教育研究》关注国内外电化教育理论的最新发展、电化教育研究的最新动态、全国各地教育改革的进程、中小学信息技术教育研究的最新成果、具有广泛指导意义的教育案例和经验总结等。其主要面向各大院校、教育科研机构、各级政府教育部门、各地电化教育馆、中小学教师以及一切热爱、关心电化教育事业的读者。《电化教育研究》期刊投稿流程如下：

第一步，登录《电化教育研究》期刊官网（http://aver.nwnu. edu.cn/Index/index.do）。进入官网后，我们能看到杂志简介、栏目介绍、投稿须知、文章目录、精品文章、在线投稿等内容，如图 2-1 所示。通过阅读这些内容，我们可以更深入地了解该期刊的定位和特点，从而初步判断论文是否符合期刊的学术标准和选题方向。

第二步，根据官网中的"投稿须知"信息，对论文进行重新排版及修订完善。"投稿须知"栏目内有相关的投稿要求及注意事项，包含论文字数、论文题目、摘要、关键词、图表、稿件体例格式等要求，以及投稿约定和联系方式等。

图 2-1 《电化教育研究》官网首页

第三步，点击"在线投稿"完成实名注册及匿名投稿。首次登录需要先进行注册，包括提供使用邮箱、真实姓名、密码设置等，并在邮箱中进行账户激活。信息填写完成后，即可以根据所注册信息登录在线投稿平台，如图 2-2 所示。

图 2-2 《电化教育研究》在线投稿平台

第四步，进入审稿环节。稿件首先会经历一审，这一环节由杂志社特聘的两位专家独立评审，一位通过即可进入二审环节；二审则由两位国内教育技术领域享有盛誉的学者进行评审，只有当两位学者均表示通过时，稿件才会进入抄袭检测（学术不端检测）环节。若两位专家在评审意见上存在分歧，稿件将提交给第三位专家进行评审，若其评审结果为通过，则同样进入抄袭检测环节。抄袭检测是指利用抄袭检测平台对稿件进行检测，一旦稿件与他人作品的内容重复率超过 10%，即被认定为不合格。接下来是组稿及终审阶段，责任编辑和栏目编辑将共同会商组稿，并将组稿结果及会商意见提交给主编进行终审。作者可以通过该期刊的投稿平台实时查询稿件的处理流程及结果（图 2-3）。需要注意的是，在投稿后的 3 个月内，作者不得将同一稿件投递至其他刊物。审核通过后，录用稿件酌收刊登版面费，并向作者赠送当期样刊 2 本。

图 2-3　稿件状态界面

例 2：*Review of Educational Research* 投稿流程

Review of Educational Research 期刊由 American Educational Research Association（美国教育协会）主办，创刊于 1931 年，在教育学类 SSCI 期刊榜单上名列前茅，期刊影响因子（JIF 或 IF）为 11.2，5 年影响因子为 16.6，期刊引文指标（JCI）为 4.04。*Review of Educational Research* 期刊主要发表与教育有关的研究文献的批判性、综合性评论。同时期刊也发表来自心理学、社会学、历史学、哲学、政治学、经济学、计算机科学、统计学、人类学和生物学等学科的研究综述，但前提是该研究涉及教育问题。

第一步，登录 *Review of Educational Research* 期刊官网（https://journals.sagepub.com/metrics/rer），来访者可以搜索发表在该刊物上的文章、阅读期刊描述、进行论文提交。在"期刊信息"栏点击"提交指南"，即可阅读提交要求和审稿信息。如图 2-4 所示。

图 2-4 *Review of Educational Research* 期刊官方页面

第二步，浏览提交要求和审稿信息。*Review of Educational Research* 期刊的稿件提交指南包括预投稿、提交文章、编辑政策、发表政策、准备稿件、发表稿件、关于接受和发表七个部分（图 2-5）。作者需要遵守出版标准和学术道德，在署名、篇幅、格式等方面与稿件提交指南要求相一致。

Review of Educational Research 期刊在稿件提交指南中对审稿作了详细规定：①审稿人应是相关领域的专家，并能够对稿件进行客观评估和准确评价；②当审稿人与作者属于同一机构或有经济及人情往来时，论文需要回避该审稿人；③期刊在挑选审稿人时将恪守客观公

正的原则，不接受作者或作者单位指定审稿人。

图 2-5 稿件提交指南细则

第三步，稿件提交。向 *Review of Educational Research* 期刊投稿时，作者须利用 SAGE Track 这一由 ScholarOne™ Manuscripts 支持的在线提交和同行评审系统。投稿前，作者须先行创建账户，通过网站指引填写包括姓名、职称、所属单位、地址、电子邮箱、用户 ID 及密码等必要信息（图 2-6）。完成账户创建后，即可进行论文的在线提交。一旦论文成功提交，期刊编辑将通过作者预留的联系方式与其保持紧密沟通，及时通报审稿进度，并反馈修改建议。同时，作者亦能在线追踪审稿进度，并便捷地提交修改后的稿件。

图 2-6　点击"提交网址"即可进入账号登录或创建页面

二、学术论文投稿的特殊流程

构思并撰写一篇优秀的学术论文需要考虑诸多因素，而将这篇论文成功投稿至目标期刊更是需要达到"天时地利人和"的境界。一般来说，作者在投稿过程中基本上按照"准备文章—选定刊物—送审文章—审核用稿（返修文章）—查稿付费—等待出刊（收到样刊）—数据库下载文章并截图"一系列流程完成。但我们注意到存在一些独特的投稿流程。因此，我们将对国外期刊、国内期刊以及学术会议论文投稿流程中的特殊之处进行简单梳理，以期为作者撰写论文提供指导，并助力大家成功向目标期刊投送高质量的学术论文。

（一）国外期刊投稿的特殊流程

随着 Web 技术的迅猛发展，其对出版行业的传统运营和管理模式产生了深远的影响。特别是在学术期刊出版领域，编辑出版流程从"线下"移到了"线上"已成为大势所趋。20 世纪 90 年代以来，国际上 Open Journal Systems、Editorial Manager 和 Scholar One 等一系列在线投稿和审稿系统纷纷涌现，极大改变了学术期刊的生态环境。除了使用在线系统投稿，研究者还可以直接通过期刊的官方网站提交稿件。

1. 通过系统投稿

Editorial Manager（简称 EM）是目前国际上使用最广泛的网络论文投稿与审稿系统之一。EM 是 Aries Systems 旗下的产品，许多国外核心期刊，如 Nature、Cancer Cell、PLOSONE 等，都采用该系统进行投稿。大多数 SCI 收录的英文论文也通过 EM 进行投稿。此外，Aries Systems 还提供另一项服务，即 ProduXion Manager（简称 PM），与 EM 一起构成了学术论文从投稿到发表的完整工作流程。论文作者可以通过这两个平台全程跟踪稿件的处理进展。

EM 的流程主要包括作者投稿、期刊编辑助手初审、期刊编辑评审、同行评议、录用决定和论文修改这五步。PM 的流程主要包括录用论文移交出版部门、编辑、排版、校对纠错、发表出版这五步。下面以 EM 投稿系统为例，详细介绍其操作流程。

EM 是一个功能全面的在线管理系统，专为学术期刊和书籍手稿的提交及同行评议而设计，可通过网址 https://www.editorialmanager.com/trb/default.aspx 访问。作者需通过该系统提交手稿和元数据，并根据期刊的具体要求进行修改。期刊编辑利用 EM 系统审阅投稿，将稿件转交给同行评议专家进行评审，并基于专家的评审结果向作者传达接受、修改或拒绝的决定。同时，审稿专家也可以通过该系统便捷地接受或拒绝审稿邀请，明确自己的评审时间和专业领域，并提供评审意见。

在 EM 投稿管理系统中，选择期刊列表（Journals List）菜单，然后点击希望投稿的期刊名称，系统将跳转到该期刊的投稿登录页面。SCI 英文论文的投稿步骤包括以下 9 步。

第一，阅读投稿指南。该指南详细规定了论文的格式要求以及必须上传的文件。论文作者需要在投稿前准备，包括是否需要提供短标题（Short title），长度不超过 50 个字符；摘要的字数限制和格式，即是否需要在摘要的一个自然段内列出目标（Objective）、方法（Methods）、结果（Results）、结论（Conclusions）等标题；关键词的个数限制；论文必须包括的部分，尤其是致谢（Acknowledgements）、资助（Funding）、声明（Statement）、利益冲突（Conflict of interest）、作者贡献（Author contributions）等部分的撰写格式或规定的句式和用词；关于医学论文的伦理批准书和参试者知情同意书等宣示写法或证明要求。

第二，注册并登录期刊的投稿账户。作者应在 EM 网站的"Author Login"（作者登录）选项中进行登录。对于尚未注册的作者，投稿前需针对每个意向投稿的期刊单独设立账户。如果作者已拥有 ORCID 账户，登录时需要授权并填写相应的期刊投稿账户信息。

第三，选择投稿状态。登录投稿账户后，作者将在"Main Menu"（主菜单）页面看到三个主要的投稿状态选项：New Submissions（新投稿）、Revisions（修改）和 Completed（完成）。作者应选择"Submit New Manuscript"（提交新手稿）选项。

第四，上传投稿文件。在 Article Type Selection（文章类型选择）这一步中选择论文的类型，然后在 Attach Files 这一步中从电脑上选择论文手稿（manuscript）和投稿信（cover letter）文件上传，并根据菜单提示对上传的文件选择标记正确的文件类型（如 manuscript、cover letter 等）。另外，有些医学期刊还要求上传具有国际标准统一格式的 Disclosure of Interest（利益冲突说明）表格（该表格在投稿指南中下载）。需要注意的是，上传文件的文件名须少于 64 个英文字符（含空格）。

第五，选择投稿的专业方向。在 General Information（一般信息）这一步中，从专业方向的下拉菜单中选择合适的方向。

第六，选择期刊编辑，推荐审稿专家，请求审稿专家回避。在 Review Preferences（审稿偏好）这一步中，从期刊编辑姓名的下拉菜单中选择希望处理稿件的编辑。如果没有偏好，可以不指定编辑。此外，可以提供推荐的审稿专家以及请求回避的同行评议审稿专家的详细信息，包括他们的姓名、所属单位、电子邮箱，并附上推荐或回避的相应理由。论文作者也可以不推荐或不回避任何审稿专家。

第七，填写论文信息和发布宣示声明。在 Additional Information（附加信息）这一步中，填写插图数量、彩色插图数量、表格数量、英文词数、临床试验注册号等，并勾选一系列宣示声明（如所有作者是否同意发表）。

第八，审阅汇总信息。在 Manuscript Data（手稿数据）这一步中，审阅投稿系统会自动生成投稿信息，包括标题、短标题、摘要、关键词、作者、资助情况。在"作者"栏，需要仔细检查作者的姓名拼写、排序和通讯作者勾选标记。可以通过拖拽每个作者的信息块来调整他们的位置顺序。在"资助情况"栏，可以从检索菜单中选择资助机构名称，填写资助项目的号码和经费接受者姓名等。

第九，产生 PDF 投稿文件并审阅批准。点击 Build PDF for Approval 按键后，投稿系统会产生一个 PDF 文件，汇总展示投稿论文的全部内容，包括作者排名和正文。这时，在 Main Menu（主菜单）的 Submissions Waiting for Author's Approval 的投稿状态子菜单中会显示"（1）"，表示有 1 篇论文等待作者批准投稿。作者审阅 PDF 文件无误后，点击批准键提交，即可完成投稿流程。这时，在主菜单页面的 Submissions Being Processed 子菜单中会显示"（1）"，表示有 1 篇论文已经投稿成功。如果点击该子菜单，会跳出一个工具条，里面有关于此次投稿的详细信息和可选行动链接（包括 View Submission 和 Send E-mail），同时，论文作者的投稿邮箱会收到一封投稿成功的通知邮件，包括论文的投稿编号。下一步即可等待期刊的回复或留意投稿账户主菜单上的投稿状态变化。

需要说明的是，若在投稿过程中因故中断，系统将在"Incomplete Submissions"子菜单中显示"（1）"，以提示您尚有 1 篇论文的投稿尚未完成。若在系统生成 PDF 投稿文件后或在之前任一环节发现错误，都可以回到出错的环节，重新上传文件或修正回答。

2. 通过期刊官网投稿

除了通过投稿系统以外，研究者还可以直接通过选定的期刊官网进行投稿。虽然整体步骤与上述基本一致，但不同期刊会存在细微差别，下面以两个具体的英文期刊为例展开说明。

一个是《美国教育研究杂志》（American Educational Research Journal，AERJ）。访问期刊官网，点击"submit paper"按钮，在进入 submission site 之前，先浏览投稿相关要求：

AERJ 的所有稿件都应以电子形式提交到 https://mc.manuscript central.com/aerj.，不接受电子邮件投稿。它执行双重匿名审查政策；一旦投稿者手稿被收到，将首先由编辑阅读，以确定它是否值得发送给匿名评审小组进行评审。

需要注意的是，AERJ 不接受已出版、正在出版或正考虑出版的稿件。如果投稿者的稿件已经提前发布或出版，请参考 SAGE 的提前出版指南，以了解哪些情况下的稿件仍然可以接受投稿。

投稿人应遵循美国教育研究协会（AERA）出版物中规定的研究行为标准和道德规范。投稿清单必须满足以下要求，不合规的稿件可能会被退回给作者。所有提交材料应遵循《美国心理学会写作风格指南》（第 7 版），并在单独上传的标题页文件中提供所有作者的完整联系信息，包括作者姓名、所属机构、详细街道地址、电子邮件地址和电话号码。

如果手稿被接受发表，请明确指定负责与编辑沟通、审批最终校样并与出版团队协作的作者。提交的主要稿件文件（包括所有表格、图表、注释和参考文献）不得超过 50 页，且需采用双倍行距格式，包括所有表格、图表、注释和参考文献。打印页面应使用 8 英寸×11 英寸纸张，页边距为 1 英寸，正文采用 12 号字体，双倍行距，推荐使用 Times New Roman 字体。接受 Word 文档和 LaTeX 文件（需附带相应的 PDF 版本）。附录可以被认为是手稿的一部分，如果包括它们，提交的手稿仍然在 50 页的最大页数限制内。如果附录或其他材料超过了手稿 50 页的限制，这些文件将不会作为印刷出版物的一部分，但会单独在网上提供。投稿者必须将这些文件作为一个单独的文档上传到系统中作为补充文件。

投稿人在上传文档顶部须注明"在线补充材料",以示对编辑和审阅者的尊重。所有网上补充材料也要在文件名中明确标注"网上"字样。

由于 AERJ 采用匿名审稿流程,提交的手稿必须去除或隐藏所有可能透露作者身份、隶属关系、资金来源以及任何其他识别信息的线索。作者必须确保标题页文件之外的提交材料不包含识别信息。这包括文本、引用、参考或脚注中的任何信息。

在提交手稿修订版时,作者需确保附上一份匿名的回应信,详细阐述对稿件所做的修改。请注意,这封信将供审稿人查阅。所有手稿应包含一个 100—120 字的摘要。同时,手稿应包括一些关键字或术语,研究人员将使用这些关键字或术语在索引和数据库中搜索投稿者的文章。

AERJ 上发表的文章通常需要列出 3—5 个关键词。所有匿名引用应置于参考文献列表的顶部。参考文献列表应仅包含手稿中实际引用的文献。确保引用的准确性和完整性是作者的责任。引用应包含每个公开可用的 DOI(数字对象标识符)、句柄或 URN(统一资源名称)。如有必要,可使用网址和访问日期替代最后一个元素。

表格和图表应清晰明确地向读者展示数据。图表应与正文内容紧密相关。每个表格应单独打印,并附在手稿末尾(参考文献之后)。图表应以可编辑格式提交(例如 Word 或 Excel 文件)以便于排版。图标题应单独打印,不应直接打印在原始图表上。每个图形的高质量电子版(如 jpg、png 或 PDF 格式)必须与原稿一起提交。印刷版中的图表将以灰度形式呈现,而在线版本则为彩色。作者签署的任何协议，如版权转让协议，都是作者与出版机构之间的专属协议，相关费用需由作者自行承担。本刊采用版权转让协议，通常只需通讯作者代表所有作者签署。

相应的作者将负责以下内容：确保在版权协议中注明所有作者，并将作者身份的任何变化通知编辑部。获得每位合著者的书面许可（可以通过信函或电子邮件形式），并代表他们签署版权协议。代表所有共同作者向期刊所有者和出版商提供担保，并在必要时进行赔偿。在本杂志网站上输入的姓名和电子邮件地址将专门用于本杂志所述的目的，不会用于任何其他目的或提供给任何其他方。如果作者或其资助者希望文章在发表后能立即免费提供给非订阅者（即黄金开放获取），可以选择 SAGE Choice 选项，但这将涉及额外的出版费用。稿件提交和同行评审程序不变。要查看期刊资格和出版费用，请访问 SAGE Choice。

满足以上投稿要求后，点击 Submission Site，输入 ID 和密码后，点击 login。登录后，就可以上传相应的符合要求的材料，等待回复。

另一个是 Studies in Higher Education，其是国际领先期刊，发表从学科或多学科角度探讨高等教育问题的研究性文章。研究者可以访问网址 https://www.tandfonline.com/toc/cshe20/current，点击 Submit an article 中的 Go to submission site，进入投稿界面。该期刊于 2022 年 12 月 9 日更新了投稿要求，具体内容如下：

接受原始文章、评论类型的文章；摘要的撰写（250 词）非常关键，决定了是否能通过第一轮审核；第二阶段的审查主要关于理论基础、实践意义、方法和结论；投稿后的十个工作日内会收到拒稿或进一步进行审查的消息；论文编撰顺序为扉页、摘要关键词、正文介绍、材料和方法、结果、讨论、致谢、利益申报表、参考文献、附录（视情况而定）、带有标题的表格（在各个页面上）、数据、图形标题（作为列表）；论文不应超过 7000 词；论文可以 Word 或 LaTeX 的格式提交，不能以 PDF 格式提交；论文的所有作者都应在手稿封面上注明其全名和所属单位；如有需要可以提供图形、视频摘要；关键词为 5—6 个；需提供资助和赠款授予机构所有详细信息；每位作者需提供一份简短的简历；本期刊不收取投稿费、出版费或页面费等。

在确保自己论文符合要求的情况下，研究者可以正式进入投稿界面，登录账号，按照页面指引进行投稿。首先，选择要投稿的期刊和文章类型、论理声明、手稿字数。在 Manuscript 页面，依次按要求提交手稿的详细信息、数据可用性声明、论文全文、伦理声明和手稿字数。在 Authors 页面提交每位作者信息，在 Preview 部分可以对之前提交的所有信息进行预览核对。在所有信息和文件上传完毕后，点击 Submit 按钮完成投稿。

总之，由于每个期刊都有其不同定位、要求，尽管大部分流程相似度极高，研究者还需要根据自己的论文情况，进行仔细地搜索和筛选。

（二）国内期刊投稿的特殊流程

中文期刊的投稿流程通常包括以下几个步骤："投稿→审稿→录用→发来用稿通知→付清款项→邮寄用稿通知单原件→发表并邮寄样刊→服务结束"。然而，部分期刊在投稿流程上设有特殊环节，如心理学类的期刊。接下来我们将以《心理学报》期刊为例，简要介绍中文学术论文投稿的特殊流程。

1. 准备阶段

第一步是按照《心理学报》投稿指南中的撰稿要求来编辑自己的手稿，手稿的格式要求为：

> 中文题目——二号黑体；作者姓名——四号仿宋；作者单位名称、所在城市及邮政编码——小五号宋体；中文摘要、关键词、分类号——五号宋体；正文——五号宋体（一级标题——四号宋体，二级三级标题——五号黑体，表格——小五号，插图——六号）；参考文献——小五号；英文题目——四号；作者的英文姓名——五号；作者单位英文名称——六号；英文摘要和关键词——五号；所有数字和英文部分都用 Times New Roman；行距设为 1.5 倍。

第二步是填写论文自我检查报告，并把检查结果粘贴到文章的首页。论文作者在论文自我检查报告中需要说明以下问题：同类研究相比本研究的创新性贡献；作者已经投稿或发表的文章中是否采用了与本研究相同的数据或变量；国内期刊是否发表过同类研究；"问题提出"或前言部分中的文献回顾是否完备；本研究的数据是否存在共同方法偏差；文后参考文献与文中的文献引用是否一一对应；文后参考文献的书写格式是否符合要求；参考文献是否以近 5 年的文献为主？如果不是，需说明理由；英文摘要是否是大摘要？写好后是否请英语好的专业人士把关；研究用到的实验材料、量表或问卷，是否附在文件的末尾以供审查；如果使用了别人的量表或问卷，是否得到了对方的授权许可；是否对照过网站上的"投稿指南"逐项检查论文的各个部分；除作者外，是否请过同事（同学）对论文进行类似审稿般的挑剔性阅读；作者信息是否删除，包括 word 文档属性中的作者与单位、基金号、英文摘要中的作者信息等。

第三步是撰写一封给编辑的信，相当于国外投稿中的 covering letter，它是对文章的基础性评价。论文从投稿到出版是一个漫长的过程，若作者的稿件未能满足期刊的特定要求，那么所有投入的时间和精力可能会付诸东流。因此，在正式投稿之前，作者可通过向编辑发送咨询信件的方式，预先获得期刊编辑的专业建议，从而确保投稿的精准性和效率。值得注意的是，虽然同时向多本期刊投稿有违学术伦理，但投稿前的咨询信件则不受此限制。在投稿《心理学报》前，作者应详细阅读其关于投稿前咨询的具体指南，并严格遵循这些规定，这将在编辑心中留下积极的初步印象。接下来，我们将探讨咨询信件的具体内容。首先，确定负责咨询服务的期刊工作人员，并将其列为收件人。若网站未提供此类信息，您可以直接写给主编。在信的开头，明确阐述您的目的，例如，表达投稿意愿，询问论文主题是否与该期刊的出版宗旨相符，并附上论文的标题以示尊重。同时，告知编辑您将随信附上论文的摘要，以便其进行初步评估。其次，在信的中间部分，简要介绍论文中的创新发现及其重要性，并强调这些发现对学术领域的贡献。同时，阐述您的研究成果与该期刊主题的相关性，以及这些发现如何吸引期刊的读者。请注意，此部分应简洁明了，突出主要发现，避免冗长的背景信息和详细结果。最后，检查联系方式。通常情况下，投稿前的咨询信会得到快速回复。但需注意，编辑的回复并不代表论文已被接受出版，而仅是对其进一步审查的初步建议。论文的最终接受与否，仍需经过完整的同行评审流程。但即使如此，正面的咨询回复也能为您节省不少等待时间，让您对投稿结果有更清晰的预期。

第四步是签署版权转让协议。版权转让协议是一种约定，作者作为论文的所有者，通过此协议将论文的汇编权、纸质版、网络版及其他电子版的发行、传播和复制权利，全部或部分地转让给杂志社（即乙方）。同时，协议也详细阐述了论文的原创性声明、内容保证及作者署名等相关事宜。在当前版权日益受到重视的背景下，为规避不必要的版权纠纷，高达 90%的杂志社均要求作者签订此类版权转让协议。总体而言，签署版权转让协议对各方均有益处，主要体现在以下几方面。

第一，对于作者和杂志社而言，版权转让协议不仅是作者文章优先发表、成功收录数据库的明确凭证，更已成为众多刊物中一条默认的规则。未签署版权转让协议的文章，往往无法被各大数据库收录。这份协议的签署不仅保护了作者的权益，同时也确保了杂志社的权益得到保障。在文章发表前签署版权转让协议，意味着作者正式将论文的部分权利转让给杂志社，这不仅确保了论文的顺利发表，同时也为论文在杂志社的录用后提供了稳定的法律保障，避免了因各种原因可能导致的退稿风险。

第二，对于期刊而言，版权转让协议是其经营和扩大影响力的关键工具。在当前环境下，优质文章是期刊赖以生存和发展的基石，每个杂志社都渴望能够吸引并收录高质量的文章。然而，优秀的杂志社在业界屈指可数，为了在激烈的竞争中脱颖而出，它们需要不断寻求扩大影响力的新途径。签署版权转让协议不仅为作者提供了必要的权益保障，同时也为杂志社提供了扩大影响力的有效手段。在得到作者的明确授权后，杂志社可以合法地行使文章的网络传播权，间接地展示其收录文章的质量和水平，从而进一步证明其作为优秀期刊的实力。

第三，对于数据库而言，版权转让协议是其规避潜在法律风险的重要保障。当前版权问题引发的纠纷屡见不鲜，这凸显了版权保护的重要性。若编辑部未能与作者签署关于数字版权的协议，可能会引发一系列社会问题，损害三方的名誉。因此，签署版权转让协议显得尤为必要。具体的《心理学报》编辑部发布的论文版权转让协议模板已经在其官方网站上公开，供大家参考和查阅。

第五步是准备并提交其他附加资料，包括实验材料、伦理审查文件和研究流程说明等。在《心理学报》期刊投稿过程中，若投稿的文章包含实验内容，这些数据不仅是评估实验参与度的重要依据，更是验证文章科学性和真实性的关键性材料。下面我们以伦理审查为例进行详细讲解。

所有以动物或人类为研究对象的研究都必须经伦理审查委员会审查。如果论文中涉及到相关动物或人类为主题的实验对象，一定要在投稿中附上伦理审查表。人体临床试验须在国家或国际临床试验注册机构注册，这是人类医学研究须遵循的强制性要求。写文章之前一定要提前注册临床试验。关于伦理批准书和知情同意书的国内外期刊要求，各期刊之间存在不同的规定和表述方式。国外一些期刊规定，当医学论文涉及参试人或患者（统称参与人）的研究内容时，作者须在论文中声明研究项目已经被全国性、地方性或单位性的伦理委员会批准，并透露伦理委员会的名称。具体来讲，作者须声明研究工作遵循1964 年《世界医学协会赫尔辛基宣言》（世界医学协会道德准则）及其后续增补条款或类似的伦理标准。若有未确定部分，作者必须展示伦理委员会批准该部分作为未确定部分，并解释未遵循的原因。如果伦理委员会豁免了研究工作的伦理批准，作者也须在论文中详述豁免理由。另外，作者须在论文中如实声明已经获得参试者知情同意，并遵守隐私权保护原则。除非获得参试者或患者的书面许可，投稿文件中不准包括他或她的私人信息。针对国内期刊的投稿要求，作者还需提供伦理委员会的正式批准文件以及受试对象的知情同意书，或在论文正文中明确注明受试对象（或其监护人）已给予知情同意。以《心理学报》为例，该期刊提供了出版伦理声明，有投稿需要的作者可以自行下载，按照相关要求填写伦理审查表即可。

这里特别说明，尽管部分期刊对伦理批准书的复印件有明确要求，但仍有期刊未明确指出是否可仅通过论文声明替代提交相关证明文件。因此，为了确保符合期刊的具体要求，论文作者应当详细查阅投稿指南或直接咨询期刊编辑部门，以明确是否需要在投稿时、论文被接受后或完全无须提供此类证明文件，并了解所需英文翻译证明的格式及规格。

2. 投稿阶段

在完成《心理学报》期刊所需的各项准备工作后，作者可以自行登录心理学报官网，选择"作者投稿查稿"系统，按照一般投稿流程提交自己的文章即可。如果是首次使用该系统，请务必先行注册个人账号。这里不再过多赘述。

（三）会议论文投稿的特殊流程

为了促进教育科学的发展和进步，教育学领域的各学科及专业会定期召开学术讨论会、研讨会和经验交流会等，并在会议后集结出版专门的论文集。投稿至这些会议，意味着论文有可能被选入论文选集，从而得以公开交流，实现成果介绍与发表的双重目的。学术会议论文的投稿流程一般包括以下几个步骤："写作→投稿→文章录用→最终版资料上传→参加会议"。下面以华东师范大学教育学部、北京师范大学教育学部、全国教育科学规划领导小组办公室、光明日报教育研究中心联合主办的第八届"全国教育实证研究论坛"为例进行详细介绍。

1. 准备阶段

当论坛面向社会公众征集论文时，通常会提供一系列主题供投稿者挑选。为了确保论文的针对性和相关性，投稿者应当优先选择与自己研究领域紧密契合的会议主题。例如，此次论坛的主题包括"在质性研究中使用视觉资料、质性研究中的资料搜集与分析、教育叙事与生命史研究的本土与前沿思考、教育质性研究的前沿发展"等多个方面。

关于论文的写作字数要求，一般学术会议中，中文字数在 3500—4000 字左右为最佳，在图表多的情况下，中文字数保持在 3500 左右。在特殊情况下，如本次论坛要求论文字数不少于 5000 字，同时还需提供中英文摘要、关键词、正文、参考文献等信息。

每个论坛的论文格式要求均有所差异，具体要求以官方通知为准。以本次论坛为例，其会议论文的格式要求已在征稿通知中明确指出，需参照《华东师范大学学报（教育科学版）》的投稿规范。具体要求如下：

标题：文章标题要言简意赅，30 字以内；作者署名：署真实姓名，注明作者单位、单位所在省市和邮政编码；摘要：要用第三人称概括全文，150—300 字以内；关键词：用 3—8 个关键词术语反映论文主题；专用符号：名词、术语、数字、计量单位、标点符号和数学符号等，必须符合国家标准；外文人名、地名和术语需译成中文。

图表格式：文中插图与表格放在相应正文之后，分别按出现顺序用图 1、图 2 或表 1、表 2 统一编号；插图应为黑白色，其序号、标题及注释居中放在图的下方，表格的序号及标题置于表格上方，表注放在表格的下方（建议：由于篇幅限制，除核心期刊外尽量不用或少用图表）；正文注释：采用尾注形式，注释号①②③等标在相应正文右上角；章节体例：章节标题为：一级标题不编号，用黑体居中排，二级标题不编号，用楷体放在相应的文字段首与正文空一字格接排正文；三级标题分别用 1.2.3.顺序编号；文中接排标题用（1）（2）编号；参考文献：参考文献置于正文之后，近 5 年的不少于 3 条，用[1][2]……顺序编号，如文章中有内容需要解释请用尾注形式。参考文献不全者不能进入审稿阶段。

2. 投稿阶段

完成写作后即可进行投稿。首先，投稿作者登录目标网站，并选择相应的投稿栏目。在栏目页面，您将看到关于投稿的详细信息，并找到一个链接导向账号登录页面。随后，请遵循网站提供的指引进行账号注册和登录。成功登录后，您将进入投稿界面，按照提示填写作者相关信息，并上传您的论文（格式为 PDF）。完成以上步骤后，点击上传投稿，即表示投稿流程基本完成。通常，投稿后系统会在几分钟内自动回复，确认稿件已成功接收。

投稿时需格外注意截止日期，确保在规定时间内完成投稿。以本次论坛为例，会议论文的投稿截止日期为 2022 年 10 月 9 日，务必在此日期前完成投稿，逾期将无法提交。

通常论文会历经三个审稿流程：首先是初审，收到稿件后，编辑部会先登记处理，主要评估稿件是否符合会议投稿要求，包括论文格式和信息完整性的审核。其次是外审：初审通过的稿件会以"匿名"方式交由专家评审，专家会在规定时间内提供审稿意见。编辑部会综合多位（2—3 名）专家的反馈并做出外审结论。如需修改，会通知作者进行修改直至符合要求后录取。最后是终审：编辑部会对稿件标题、版式和内容做最后审核，通过后，投稿者须按要求修改并提交图片、表格等源文件，以便编辑部进行排版和发布。

一旦文章被录用，须及时完成费用缴纳，准备汇报内容，确保按照会议日程准时参会。

三、学术论文投稿的常见问题

学术论文既是研究成果的一种学术呈现方式，也是发布研究成果、进行学术交流的载体。在完成论文后，科研人员应努力在公开出版的刊物上发表作品，以扩大影响力。投稿作为科研工作的必要环节，作者需深入了解论文发表流程，以合理应对审稿反馈，并遵循编辑和审稿人的要求，提高稿件录用率。投稿时，应精准选择期刊、遵循正规渠道、避免重复投稿，并认真处理修改建议，理性看待退稿结果。

（一）未选择合适目标期刊

目标期刊应是合法合规的公开出版物，投稿时要仔细甄别，剔除假刊、套刊等，避免无效发表。

第一，远离虚假期刊。虚假期刊属于非法出版物，通常分为两类：一类是完全虚构，通过编造期刊名称和刊号，并利用垃圾邮件和虚假网站等手段诱导作者投稿；另一类则是冒用真实期刊的身份，包括名称、刊号甚至网站，以欺骗作者。甄别虚假期刊相对简单，对于前者，可通过访问国家新闻出版署网站或权威期刊数据库，核实期刊信息的真实性；对于后者，应谨慎鉴别搜索引擎中的期刊网站，选择官方认证网站，避免误入仿冒网站。假冒期刊网站通常表现为页面内容简陋、无法浏览历史期刊、缺乏投稿系统、域名有效期异常短（国外）或未经 ICP 备案（国内）等特点。

第二，勿投掠夺性期刊。掠夺性期刊是一种假借开放获取模式之名，通过收取论文处理费来谋取经济利益的期刊。与虚假期刊不同的是，掠夺性期刊有正规刊号，但往往不进行或仅进行低质量、虚假的同行评审。掠夺性期刊的识别更为复杂。美国科罗拉多大学丹佛分校图书馆员杰弗里·比尔（Jeffrey Beall）曾发布过一份针对国外出版的"掠夺性开放获取期刊"的列表，即"Beall's List"，用于警示学者。尽管该列表因多方压力停止更新并于 2017 年 1 月关闭，但备份目录仍可通过搜索引擎检索到，为学者提供参考。

第三，避开负面期刊。负面期刊指存在学术失范行为或潜在风险的期刊，也称为预警期刊或"黑名单"期刊。这些期刊的认定由本单位的学术委员会或科研管理部门负责。若作者在负面期刊上发表论文，可能会遭遇论文成果不被认可、出版费用无法报销等不利后果。因此，在投稿之前，作者应当通过科研管理部门详细了解本单位的负面期刊名单，以避免不慎将论文发表于此类期刊上。

综上所述，稿件能否被录用受多种因素影响。建议研究者养成关注并经常阅读本学科核心期刊的习惯，以深入了解期刊的办刊特色和写作要求。在确保论文质量的基础上，采取与期刊特点相匹配的投稿策略，这将显著提高论文的录用概率。

（二）未按规定渠道来投稿

在数字出版尚未普及之前，作者获得期刊投稿方式的途径是通过邮局订阅，或从图书馆查阅纸质期刊。由于邮局订阅资金和图书馆期刊藏书数量限制，无法满足读者对所关注的多种同类期刊的需求，如今仅有极少数读者还保留这种信息获取习惯[①]。随着期刊数字化和网络化的快速发展，作者虽然享受到了网络带来的便捷，但也面临了假冒投稿方式和期刊网站等风险。当前，网络上充斥着从事不正当交易的组织和机构，使得学生在投稿时难以分辨真伪，投稿地址错综复杂。因此，投稿前确保查询到真实有效的目标期刊投稿地址是至关重要的，论文的投稿并非一蹴而就。主要有以下四个途径。

第一，翻阅纸质目标期刊。这种查找方式最为传统且可靠。若要确定目标期刊，可咨询导师、同学或前辈的经验，或可以前往图书馆的期刊阅览室进行查询，相比较来讲，后者比较耗时耗力。

第二，通过中国知网进行检索。登录中国知网（https://www.cnki.net/），在"出版物检索"模块中，选择"期刊导航"进行搜索。在检索条件中指定"刊名（曾用刊名）"，并输入目标期刊名称（例如"法学研究"）。随后，点击"出版来源检索"按钮。检索结果中，找到目标期刊的链接并点击进入，选择"原版目录页下载"来获取期刊的原版封面、封二、目录页和封底等详细信息。这些页面中，通常可以在封二或封底部分找到该期刊的投稿地址。

第三，通过万方数据知识服务平台进行检索。登录万方数据知识服务平台（http://www.wanfangdata.com.cn/），首先在页面左上方选

---

① 谢文亮. 网络环境下科技期刊必须重视投稿方式的宣传[J]. 中国科技期刊研究，2014，25（4）：511-514.

择"期刊"选项，随后在"万方智搜"检索框中输入目标期刊名称并点击"搜期刊"。进入搜索结果页面后，点击目标期刊的链接，进一步点击"查看封面/目录/封底页"功能，通常可以便捷地找到该期刊的投稿地址。

第四，浏览目标期刊主办单位的官网。通过中国知网或万方数据知识服务平台检索目标期刊的基本信息，重点关注并记录下该期刊的主办单位。接着，直接访问该主办单位的官方网站，通常在其网站上能够找到目标期刊的投稿地址。

使用中国知网和万方数据知识服务平台检索期刊投稿地址的优势在于，无须注册或付费（除非需要下载其他文献资源），用户可以通过简单的操作快速获取绝大多数学术期刊的原版封面、目录和封底信息，从而轻松地掌握这些期刊的投稿地址。

（三）一稿多投

"一稿多投"是指同一作者在禁止再次投稿的法定或约定时间内，或在得知其作品即将或已经发表之后，未经期刊编辑和审稿人知晓，试图或已在两家或多家期刊上同时发表内容相同或相似的论文。简而言之，就是作者将同一篇论文同时投稿给多家期刊。《中华人民共和国著作权法》第三十五条规定："著作权人向报社、期刊社投稿的，自稿件发出之日起十五日内未收到报社通知决定刊登的，或者自稿件发出之日起三十日内未收到期刊社通知决定刊登的，可以将同一作品向其他报社、期刊社投稿。双方另有约定的除外。"这就意味着，作者在法定期限内不得一稿多投。

那么在什么情况下可以进行转投呢？一是当收到目标期刊的拒稿通知时，可以选择转投其他期刊；二是若超过杂志社设定的审稿期限而仍未收到任何反馈，同样可考虑转投。关于审稿时长，不同杂志的标准各异。一般来说，普通期刊的审稿周期为 1-7 个工作日，而质量要求较高的普通期刊可能长达 1 个月，核心期刊审稿周期大约为 2-3 个月。若对稿件是否被录用存在疑问，建议与杂志社取得联系以获取确切信息。

对于时效性较高的论文，例如围绕"停课不停学"期间的教育方式的思考和探索，作者若面临长达三个月的审稿周期，可能会错过最佳的发表时机。因此，建议在投稿后一个月左右，待编辑完成初审阶段，作者可主动与期刊编辑部取得联系，了解稿件当前的审稿状态，并基于反馈情况考虑是否撤稿并转投其他期刊[①]。

如果出现了一稿多投的情况，可以采取以下措施进行补救：①立即撰写一封撤稿信，坦诚说明发现了稿件中的问题需要再次修改；② 如果同时有两个稿件在不同期刊进行审稿，且其中一个稿件已审核完成，建议优先撤回审核完成的稿件；③在必要时，可以与相关杂志社进行积极沟通，说明一稿多投情况。

（四）未认真对待返修意见

当稿件经过初步审查后，期刊社通常会对录用稿件提出进一步的修改要求。编辑部会综合专家审稿和责任编辑的意见，为作者提供明确的修改建议。作者必须仔细审查这些修改意见，逐一进行必要的修改和补充，直至满足编辑部的标准。然而，由于时间限制，处理返修请求和解答疑问的过程可能耗时较长，这可能导致部分稿件在多次修改过程中延误发表，甚至最终面临退稿的风险。特别是在稿源充足的情况下，那些无法迅速、有效地处理问题和完成修改的稿件，往往会

① 赵赟. 如何进行论文投稿[J]. 江苏教育研究，2022，（26）：46-49.

被视为不符合要求而被淘汰。

在修改稿件时，若认同审稿建议，作者应遵循这些建议进行修改，并保留修改痕迹，用不同文字颜色进行区分，以方便审稿专家和编辑再次审读，从而更清晰地评估修改的效果；若不认同修改意见，则作者应及时与编辑进行沟通，说明原因，商讨后确认是否需要修改。无论修改建议的数量多少，作者都应在规定时间前完成修改，以免影响期刊正常出版①。

关于审稿意见的回复，需要注意以下要点：①要保持积极的状态。在收到稿件返修通知后，应迅速浏览审稿意见，对整体情况有所了解。不论审稿意见如何，都应保持积极的心态。对于较为复杂的意见，应多次仔细阅读，确保充分理解审稿人的意图。②做到逐条回复。审稿人通常会对审稿意见进行编号，因此，应严格按照编号顺序，逐一回复每一条意见。若审稿意见未编号或内容混杂，可先进行拆分和整理，使问题清晰化，再逐一进行回复，确保不遗漏任何一条审稿意见。③有理有据。尽管审稿人多为行业内的专家学者，但他们的意见并非绝对无误。在回复时，应认真评估每条意见，基于论文内容和研究实际给出答复，而非盲目迎合。④要注意基本礼仪。审稿人提出审稿意见的前提是针对论文本身，而非作者本人。作者在回复中应体现对审稿人工作的尊重和感谢。

综上，在回复审稿意见时，应秉持原则，同时保持谦虚谨慎的态度。遣词造句务必客观理性，即使面对审稿人的误解、严苛甚至无理的批评，也应保持礼貌，控制个人情绪；若对某些意见持有强烈异议，应诚恳而委婉地阐述无法修改的理由，对于难以直接回答的问题，可以援引相关文献作为支撑，并详细阐述当前论文修改后的可行

---

① 赵赟. 如何进行论文投稿[J]. 江苏教育研究，2022，（26）：46-49.

性与合理性，以科学、合理的解释来赢得理解和认同。

（五）未理性对待退稿

在论文投稿的旅程中，每位作者几乎都会遭遇稿件被拒绝的经历，这实际上是学术道路上不可或缺的一部分。面对退稿，作者应保持积极、端正的态度，尊重审稿人的修改意见，并理性分析退稿原因，以不断提升自己的研究水平。

关于退稿原因，一般来说有以下几种：①论文质量不达标。具体表现为文章内容空洞、缺乏创新点、存在过多错误或与已有研究重复率较高等。②期刊选择不当。当论文的主旨与期刊的办刊宗旨不符或相差甚远时，容易被拒稿。因此，建议作者在投稿前仔细选择合适的期刊，避免盲目投稿。③一稿多投或侵权。当一稿多投的行为违背了与出版社或媒体之间的约定，或涉及侵犯他人合法权益时，这样的行为可能构成侵权。因此，作者在考虑一稿多投时，必须充分理解并遵守相关的法律规定和合同条款，以确保其行为在法律和道德层面上均保持合规。④审稿出现失误。这可能是由于编辑专业知识不足或专家个人意见偏颇导致的，尽管这种情况较为罕见。⑤论文表述不清晰。这通常源于作者的写作技巧不足，尽管实验和结论可能无误，但表述方式混乱，难以让读者迅速理解。

总之，学术论文不仅是学者进行学术研究和探讨问题的工具，更是展示和分享研究成果、促进学术交流的重要平台。完成论文写作后，我们应积极寻求公开发表的机会，以便在更广泛的领域里呈现我们的学术成果，进而通过转载、被引等方式获得推广，通过讨论、批评等方式进一步完善和提升研究质量。此外，学术论文还有助于指导实践，推动理论创新。因此，作者应以严谨的态度进行写作，审慎选择投稿期刊，共同为学术繁荣和教育发展贡献力量，实现教育科研"最后的纵身一跃"。

第三节　熟悉期刊选稿标准，提升论文发刊质量

在学术论文写作开始前，许多学生和青年教师经常遇到如下问题，即：不知道一篇好的学术论文应该具备哪些特征？学术论文具有什么价值？致使在学术论文标题撰写过程中经常出现一些"常见问题"，学术论文标题的常见问题有哪些呢？接下来，笔者将对上述问题进行详细论述。

一、学术论文具有研究价值

学术论文是科学研究的宝贵成果，它记录了某一学术课题在实验性、理论性或预测性领域的新发现、新见解，以及将已知原理应用于实际所取得的新进展。这些论文不仅是研究者个人或团队智慧的结晶，更是学术交流和知识传播的重要载体，常用于学术会议上的宣读、讨论，或在学术刊物上发表。下面将从论文的主题选择、方法选用和结论提出三个方面来具体论述学术论文的价值体现，旨在为研究者们在撰写学术论文时更好地展现其研究价值提供启示。

（一）主题选择的价值体现

论文的主题选择至关重要，它直接体现了论文的核心价值和研究

方向。具体来说，论文主题应兼具"继承"价值和"发展"价值两个方面。下面我们将深入探讨论文主题在"继承"与"发展"这两方面价值上的具体体现。

1."继承"价值

所谓"继承"价值，即学术论文在构建时以已有的研究成果为基石，这些成果构成了其坚实的"地基"。论文不仅深入挖掘和阐释了已有理论或实践的深层内涵，更在继承的基础上进行了拓展和深化，以独特的视角重新审视和解答问题。在论文主题的选择上，这种"继承"价值具体表现为：论文主题具有真实可靠的事实依据，这是基于实践的基础；同时，它还依据学科的相关原理，为论文提供了坚实的理论支撑。这种主题选择方式不仅彰显了学术论文的"继承"价值，还使研究者能够通过阅读论文，深入了解相关领域的研究现状，明晰哪些成果是科学合理的，哪些问题是亟待解决的，进而引发深入的反思和探索。

以期刊论文《教育技术走向何方：从异化的预测到可选择的未来》[①]为例。该论文的主题意在通过对过往教育技术领域的未来预测的分析，解答当前教育技术领域有哪些预测主体、存在哪些未来预测、这些未来预测内隐何种价值导向的问题，并进一步探讨教育技术未来预测的应然样态。文章有强大的理论和实践支撑，说明了过去盲目的未来预测存在"缺乏教育经验""缺少行动验证"和"单一技术视角"的问题，并探讨了"工具主义预测""空想主义预测""乐观主义预测""形式主义预测""效率主义预测"和"利益主义预测"相关理论的优缺点，最终提出坚持发展和联系、从现实和人出发预测

---

① 李芒，段冬新，张华阳.教育技术走向何方：从异化的预测到可选择的未来[J].现代远程教育研究，2022，34（1）：21-30.

未来的观点，并指明"只有深入认识技术，尊重教育规律，才有可能实现教育领域的技术自由，从技术压迫的现实走向可选择的未来"。可见，这篇论文的主题具有明显的"继承"价值，它继承性地总结以往关于"预测教育技术走向"的研究成果，点明了现状，为学界未来在该领域的研究提供了明确的指导和方向。

2."发展"价值

所谓"发展"价值，是指学术论文在特定研究领域内，通过理论或实践方面的补充、完善和创新，为学界提供全新的研究视角和思路。这种价值在论文主题的选择上尤为显著，具体表现为学术论文主题的创新性。这些论文旨在解决前人尚未涉足或尚未完全解决的问题，为学术界带来新的启示和突破。然而，在追求创新性的同时，我们必须保持审慎的态度，充分考虑客观的研究条件、个人的科研素养以及研究的时机问题（包括相关理论、研究工具及条件的成熟程度），确保在推动发展的同时，保持研究的可行性和实效性。

以期刊论文《深度学习视角下的评价科学方法创新》[①]为例。该论文的主题是在深度学习研究领域构建评价科学方法体系。文章认为深度学习在构建隐性评估模型方面有着非常宽广的前景，将其应用于教育评估工作将能够较大幅度地减少评价成本。故文章基于深度学习补充了现有的评价科学方法体系，形成数据驱动环境下全新的评价方法。可见，该论文不仅创造性地提出了基于深度学习构建评估模型这一有巨大前景的研究问题，还在评价科学体系方面创新性地提出了深度学习的研究视角，具有较大的"发展"价值。

综上所述，学术论文的"继承"价值与"发展"价值相辅相成，

[①] 赵蓉英，陈文欣. 深度学习视角下的评价科学方法创新[J]. 情报科学，2022，40（11）：3-11+19.

相互依存。其中，"发展"价值往往根植于"继承"价值之上，是对已有研究成果的深化和拓展。学术论文承载着在相关研究领域"继往开来"的重任，要求研究者在创作过程中，特别是在主题选择时，既要体现对已有理论和实践的继承，又要追求创新和可行性，从而确保研究成果的学术价值和实践意义。

（二）方法选用的价值体现

研究方法是按照某种途径，有组织、有计划、系统地进行研究和构建理论的方式①。在具体的学术研究中，研究方法主要是指对所需数据资料进行收集和处理的方法。作为学术论文不可或缺的一部分，研究方法能够深刻揭示和展现论文的研究价值。这种价值不仅体现在学术论文对特定研究领域提供的"创新"贡献，也体现在为其他研究者提供的"参考"价值。

1."创新"价值

"创新"价值在学术论文中体现为在前人研究的基础上，对研究课题、方法、工具、结果及结论等方面进行的创新性发展。这种创新不仅丰富了相关领域的学术成果，革新了研究方法，更为后续研究提供了全新的视角和思路。在研究方法的选择上，"创新"价值具体表现为：研究者针对同一问题，采用具有创造性和新颖性的研究方法。这种"创新性"研究方法有两种表现形式：一是对以往研究中所使用研究方法局限性的一种补充和完善；二是研究者创造性地使用了与前人研究中不同且极具科学性和可行性的研究方法。

以论文《儿童接受学前教育的起始年龄与其青少年时期发展的关

---

① 裴娣娜. 教育研究方法导论[M]. 合肥：安徽教育出版社，1995：4.

系——基于马氏距离匹配法与夏普里值分解法的分析》①为例。该文在处理和矫正选择性偏差的问题上，创造性地使用了马氏距离匹配法，对个体特征、家庭社会和经济背景等初始条件不完全相同的处理组和控制组进行了初始条件的匹配和处理，使得处理组与控制组的初始条件尽可能地相似。因此，该文将马氏距离匹配法创造性地运用到处理和矫正选择性偏差的问题上的做法，便体现了研究方法选用的"创新"价值。

再如，《家长应如何对学前儿童进行防诱拐教育？——基于儿童抵制诱拐行为表现的探讨》②一文，创造性地将即时叮嘱作为实验条件，来探究即时叮嘱组和无即时叮嘱组的儿童防诱拐行为表现，实验设计为 2（有无即时叮嘱：有、无）×3（年龄：3 岁、4 岁、5 岁）的被试间设计，并得出了创新性研究结论：即时叮嘱能够显著正向预测学前儿童在模拟诱拐测试中的行为表现，即时叮嘱是一种较为有效的防拐教育方式。该研究通过使用新颖且科学的实验设计，得出了较为合理的结论，不仅为家长在学前儿童防诱拐教育方面提供了有效的教育方式，还为该研究领域增添了创新性的研究成果。

2. "参考" 价值

"参考"价值是指学术论文对研究者提供的示范性价值，涵盖研究课题、研究方法、研究工具、研究结果及研究结论等多个方面。研究者通过阅读学术论文，可以获得关于选题、方法选择及方案设计等方面的宝贵启示，这些启示将激发他们形成新的研究思路。在研究方法的选择上，"参考"价值具体表现为：学术论文中使用的研究

---

① 陈纯槿. 儿童接受学前教育的起始年龄与其青少年时期发展的关系——基于马氏距离匹配法与夏普里值分解法的分析[J]. 学前教育研究，2022，（7）：66-78.

② 李庆功，赵凡瑜，张宁，等. 家长应如何对学前儿童进行防诱拐教育？——基于儿童抵制诱拐行为表现的探讨[J]. 学前教育研究，2022，（10）：54-64.

方法尤为具有参考性和示范性，且研究者极有可能会在今后的研究中采纳这些方法。但要注意，研究者在选择参考的学术论文时，应优先考虑质量较高的文章，以确保其参考性、示范性和科学性的高度。

以期刊论文《STEM 教育能提高中小学生学业成就吗?——基于国内外 31 项实证研究的元分析》[①]为例。论文运用了元分析方法对 31 项实证研究进行分析，以探求 STEM 教育与中小学生学业成就的关系。论文中使用的元分析方法对研究者而言具备显著的参考价值和示范价值，无疑会对研究者的研究工作产生深远的影响。

再如，《十年来国内幼儿教师专业发展研究的热点、趋势及展望——基于 CiteSpace II 可视化分析》[②]一文，采用 CiteSpace II 作为研究工具，深入剖析了十年来国内幼儿教师专业发展研究的热点和研究趋势。对于研究者而言，掌握可视化分析的研究方法，特别是在撰写综述类文章时，已成为不可或缺的技能。因此，这篇学术论文不仅为研究者提供了宝贵的研究视角，也为初涉该领域的研究者提供了极具参考和示范价值的范例。

（三）结论提出的价值体现

论文的结论部分集中体现了"理论"和"实践"两方面的研究价值。结论是一篇论文的结尾部分，需要对研究结果进行一定程度的总结，而不是简单重复之前的内容。具体来说，结论应着重反映研究结果的理论价值和实用价值，同时提出对未来研究的建议与展望，包括

---

① 李珍，李小红，陈晨，等. STEM 教育能提高中小学生学业成就吗?——基于国内外 31 项实证研究的元分析[J]. 清华大学教育研究，2021，42（4）：118-129.

② 吴文涛，徐赟. 十年来国内幼儿教师专业发展研究的热点、趋势及展望——基于 CiteSpace II 可视化分析[J]. 现代教育管理，2015，（2）：87-91.

尚未解决的关键问题和进一步研究的方向。接下来我们将深入探讨结论部分在理论和实践两方面的具体体现。

1.“理论”价值

所谓“理论”价值即从论文的创新性、逻辑性等方面进行判断和认定。学术论文具有“理论”价值的前提是避免空洞的理论说教或重复他人的观点，只有求实和理性分析才能创新。故学术论文的“理论”价值体现在对于现有理论的贡献，或验证现有的理论、充实现有的理论。

当某个问题引发多种不同解释和观点时，围绕这一有争议的问题提出自己的独到见解，便构成了一种理论价值。例如，在期刊论文《智慧教育的本质：通过转识成智培育智慧主体》[①]中，结论部分写道：“从教育哲学的视角看，智慧教育的实质是要转识成智，是促进人的真、善、美方面智慧生成和发展的教育；从技术哲学的视角看，智慧教育应是建立在正确认识技术的本质、技术在教育中的价值、技术与人的关系的基础上，以人为技术主体，促进人的自由发展和解放的教育。总体而言，智慧教育的本质是要通过转识成智培育智慧主体，使人获得解放，实现主动、自由、自觉地发展，这也是现代教育改革和现代技术教育发展的基本方向。”作者总结了教育哲学、技术哲学两个视角下的“智慧教育的本质”，在此基础上，提出自己对于“智慧教育的本质”的看法。那么该篇文章的理论价值为“在已有的理论基础上，充实了现有理论”。

2.“实践”价值

所谓“实践”价值是指某种思想理论学说对实际生产、实践等活

---

① 邵晓枫，刘文怡. 智慧教育的本质：通过转识成智培育智慧主体[J]. 中国电化教育，2020，（10）：7-14.

动产生的积极作用。这体现在论文所研究的相关领域如何对现状产生具体作用，如何在实际操作中发挥作用，并最终落实到实践层面。

例如，在论文《TPACK 视域下边疆少数民族地区教师专业发展研究》①中，结论部分写道："实践证明，基于跨越式课题的混合式培训方案比较适合边疆少数民族地区教师 TPACK 专业发展的培训，这种创新的模式在于能够充分发挥面对面培训的真实及时交互性，也能有效利用信息技术和通讯网络实现在线的培训和交流，而且基于网络的方式还能实现分层次的个性化的培训方案，在时间上也更为灵活，课题教师可以利用假期和课余时间来自学，唤醒其专业发展的自觉性成长。随着我国民族教育事业的不断发展，边疆少数民族地区教师专业化发展越来越重要，希望本文的研究能够为未来边疆少数民族地区教师 TPACK 专业发展提供一种可操作和借鉴的模式。"可见，整篇文章以"跨越式"课题为依托，基于 TPACK 框架制定了促进教师专业发展的培训和指导方案，为相关研究提供了实践层面的帮助（实践价值）。再如，在论文《基于建构主义理论的大学生创新思维培养研究——以弹性模量实验为例》②中，结论部分写道："本文基于建构主义教学理论，以学生为主体，在大学物理实验教学的实践中，积极引导学生打破常规思维、大胆思考和勇于实践，多角度分析问题产生的可能原因及解决路径。在这个过程中，学生不再是简单被动地接收信息，而是主动地建构知识，而这种建构避免了学生的思维定式，激发创新思维的产生、创新能力的提高。反过来，创新思维和创新能力的提高，又会影响学生学习的积极主动性，以及对实验的主

---

① 王济军，陈磊，李晓庆，等. TPACK 视域下边疆少数民族地区教师专业发展研究[J]. 中国电化教育，2015，（5）：118-123.

② 吴秀梅，戴玉蓉，李向江. 基于建构主义理论的大学生创新思维培养研究——以弹性模量实验为例[J]. 高教学刊，2022，8（36）：1-4.

动探索性。本文的研究内容为在大学物理实验教学中，教师如何着手培养学生的创新思维，提供了可参考性的实践价值。"综上，该文基于建构主义理论的教学模式，以弹性模量实验为例，为大学物理实验课程中的教师提供了一套切实可行的教学模式，旨在有效培养学生的创新思维和创新能力，从而展现出显著的实践价值。

二、学术论文具有研究创新

学术论文作为科学研究成果的核心呈现形式，其写作方法与规范是科研工作者不可或缺的基本功。无论是国际还是国内学术期刊，均高度重视论文的创新性。论文或课题规模并非衡量价值的唯一标准，而深入的研究、深刻的结论以及独到的见解才是关键。简而言之，学术论文的创新性是其核心竞争力和价值所在。

（一）论文研究创新的内涵

创新性是学术论文的灵魂，是衡量论文学术价值和学术贡献的关键标准。所谓研究创新，是学术论文在理论、方法、结论等方面较已有研究成果有新的突破或取得独特见解。学术论文创新性秉承"创新"内核，与已有研究相比，既有"从 0 到 1"的新突破，即提出一种新理论或新方法、应用新数据等，又有"从 1 到 N"的积累创新，涉及学术论文中的修正既有假设、完善理论、引进新方法等。此外，学术研究作为人的活动，必须遵循学术规范，以确保学术的健康发展。因此，学术研究的创新和论文写作的创新同样需要遵循这些规范。创新在学术规范中可细分为逻辑、方法和形式三个层面。逻辑层面的创新反映了创造性思维的运用，是学术研究的内在要求，既符合学术规范，也体现研究成果与研究目的的契合度，以及研究活动的深度。[①]缺乏创新的研究难以称之为真正的学术探索，而仅在方法或形式上有所创新的研究，虽然值得肯定，但只有在逻辑、方法和形式三方面均有所突破，方可称之为卓越的学术研究。因此，树立创新的核心地位，是学术研究不可动摇的首要任务。

（二）论文研究创新的类型

1. 按程度划分的学术论文研究创新

（1）原始创新

学术论文的原始创新是指就某篇学术论文而言，与已有研究相比，该篇论文包含了前所未有的新观点、新理论、新方法、新数据、新结论、新应用等。

以论文《突破与重构：教师教学行为改进的理论模型》[②]为例。研究者以"教师鼓励学生提出问题"这一具体的教学行为改进为切入点，对六位不同属性的教师进行深度访谈，并运用扎根理论对访谈资料进行三级编码分析，重新构建了基于教师视角的教学行为改进理论模型。其中，教师教学行为改进的模型就是论文的原始创新。如图 2-7 所示，"教学反思、教师信念和外部支持是教师鼓励学生提出问题的教学行为改进的三个关键因素。依据形式理论与实质理论对话与互动的结果，三者之间的相互关系构成了教师教学行为改进的理论模型，并形成两条具体的行为改进路径：教师从外部影响转为内在行为改进动机以实现教学行为的改变；或从内部信念发生变化，而导致外部教学行为发生改进"。

---

① 杨玉圣，张保生. 学术规范读本[M]. 郑州：河南大学出版社，2004：157.
② 王陆，赵宇敏，张薇. 突破与重构：教师教学行为改进的理论模型[J]. 电化教育研究，2022，43（8）：5-12+20.

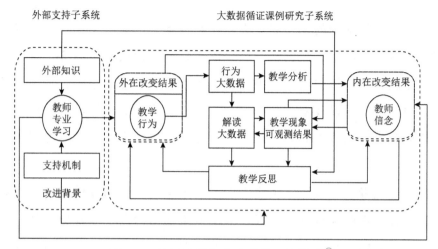

图 2-7　教师教学行为改进的理论模型[①]

（2）二次创新

学术论文的二次创新，是指在已有研究原始创新的基础上，该篇论文修正已有假设、完善理论体系、引进或改进研究方法，以及补充深化结论等。

以论文《比较教育中的教育政策借鉴理论》[②]为例。菲利普斯（Phillips，David）和奥克斯（Ochs，Kimberly）在对两百年来英国借鉴德国教育政策等案例研究的基础上，就如何学习和借鉴外国教育政策和实践提出了教育政策借鉴四步模型：跨国吸引、决策、实施、内化/本土化，从而形成了一个系统的教育政策借鉴理论。那么教育政策借鉴理论便是原始创新。而在《比较教育中的教育政策转移理论——对大卫·菲利普斯教育政策借鉴理论的反思》[③]一文中，则

① 王陆，赵宇敏，张薇. 突破与重构：教师教学行为改进的理论模型[J]. 电化教育研究，2022，43（8）：5-12+20.

② 大卫·菲利普斯，钟周. 比较教育中的教育政策借鉴理论[J]. 清华大学教育研究，2006，27（2）：1-9.

③ 陈柳，赵志群. 比较教育中的教育政策转移理论——对大卫·菲利普斯教育政策借鉴理论的反思[J]. 外国教育研究，2019，46（2）：14-26.

是对教育政策理论的批判和反思，在此基础上，提出了教育政策转移理论，这个就属于二次创新。教育政策转移理论模型如图 2-8 所示，首先是教育政策转移谱系，根据教育政策转移过程中输入者和输出者所处地位的不同以及双方积极程度（转移情绪）的差异，将教育政策转移划分为输入者主导型、输出者主导型、双动力型、双阻力型和第三方主导型，就此可以形成一个两维四象限图。其次是教育政策转移过程，研究者从教育政策输出者的角度来论述其作为被借鉴者在教育政策转移过程中应遵循的路径，教育政策输出的四个步骤分别是：跨国影响、辅助、科学伴随、借鉴回归，四个步骤循环往复，与教育政策输入的四个步骤一一对应。最后是教育政策转移理论的认识论基础，采用历史功能主义让实证主义的普遍性与相对主义的特殊性相结合，从而形成教育政策转移中应有的辩证态度。

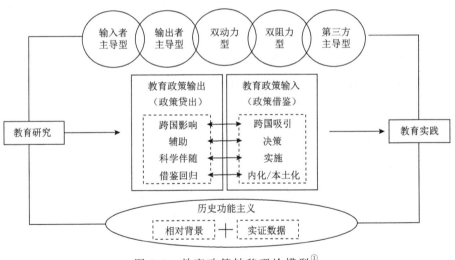

图 2-8　教育政策转移理论模型[①]

---

① 陈柳，赵志群. 比较教育中的教育政策转移理论——对大卫·菲利普斯教育政策借鉴理论的反思[J]. 外国教育研究，2019，46（2）：14-26.

2. 按内容划分的学术论文研究创新

（1）视角创新

个体视角的有限性意味着每个独特的视角都被个体所占有。视角是一切问题和认识的起源，它决定了在场和缺席。学术论文的视角创新表现为研究者跳出既有的研究视角，打破固有的预设框架，以客观实际为依据，对现实进行全新的解读和审视。视角创新极大地拓宽了研究的范围和深度，是一切学术创新的基础。

例如，在《论课程文化的自组织》这篇论文中的引言部分，作者突破既有研究的视角局限，提出了课程文化观察的新视角："但是，这些研究大多从外在的角度探讨其发展机制，把课程文化视为一个被动的他组织系统，因而具有一定的局限性。笔者从自组织理论的视角来探讨课程文化的发展机制，阐述课程文化自身的发展规律，以期有利于课程文化的健康发展。"[①]这篇论文通过从被动到主动的视角转换，呈现了课程文化组织系统的新形态，也推动了课程文化组织系统新形态创新性研究的发展。

（2）方法创新

研究问题决定了研究方法的选择，新问题的出现也意味着对研究方法适切性提出了新的要求。研究方法是研究有序进展的支撑。问题探究的合理性和研究的信效度取决于研究方法的适切性。而方法创新的目的在于提高其适切性。研究方法的创新主要表现在以下三个方面：一是创造性地移植和改造其他学科的研究方法；二是批判性继承本学科传统的研究方法；三是开创性建立本学科独特的研究方法。

以论文《基于粗糙集和随机森林算法的数学师范生就业预测研

---

① 张新海，王嘉毅. 论课程文化的自组织[J]. 中国教育学刊，2006，（5）：47-50.

究》①为例。作者创造性地移植数学学科的研究方法"粗糙集理论和随机森林算法",选取数学师范生为样本,提出了高校数学师范生就业预测模型。首先基于数学师范生的学业成绩和综合测评数据,利用粗糙集方法对成绩字段进行属性约简,做好数据预处理;接着利用随机森林算法对毕业生就业情况进行预测,采用网格搜索法对模型的重要参数进行优化,以提升训练模型的精确度;最后通过特征重要性的比较,得出影响数学师范生就业的关键性指标。结果表明,通过对数学师范生教育数据的研究,可为就业问题诊断与预测提供新的方法,帮助数学师范生提前意识到潜在的就业风险,从而助力提升就业质量。充分体现了学术论文的方法创新。

(3)理论创新

视角的创新也带来了研究理论的创新。学术论文的理论创新方式主要有两种。一是研究者根据社会实践活动中客观事物的本质、规律和发展变化的趋势,在学术论文中作新的揭示和预见,以发现新现象、形成新规律、提出新理论。二是研究者重审既有的研究结果,对既有理论体系加以完善,或对研究结果进行新视角的诠释,推翻旧理论,建构新理论。

以《教学切片分析:课堂诊断的新视角》为例。研究者通过对实践的反思,质疑了定量诊断工具的局限性,分析了定量诊断工具观察纬度预设的主观性视角之局限性,以及定量诊断面向实践的软弱。在论述中,作者采用"生成、艺术"等概念来论证数据指标的缺陷,以及借用时间单位分析课堂的不足,做出课堂诊断方法革新的必要性判断,提出了研究课堂教学的新范式——课堂切片诊断:"课堂教学切片诊断是一种崭新的课堂诊断方法,它以录像观察与现场观察相结

① 刘亚琴,刘瑞卿,颜中玉. 基于粗糙集和随机森林算法的数学师范生就业预测研究[J]. 湖南师范大学自然科学学报,2023,46(1):30-33.

合、定性与定量相结合的视频分析方式，提取典型的切片—教学行为片段，指出优点与不足，并归纳教学行为背后所蕴藏的典型经验为操作性理论。切片诊断、优化课堂教学的过程，生成了具有操作性的教学理论，并提升教师的教学设计素养，实现教师的专业成长。该方法融合定量与定性课堂观察的优点，改造并创新了中小学校普遍实施的传统课堂教学诊断方法，具有明晰的校本研究价值。"[①]研究者采用"有主体参与"的课堂诊断方法（图 2-9），主体观察替代了定量观察，意味着诊断单位用"有意义的片段"取代了"概念性观察纬度""自然时间单位片段"。量化诊断如果不止于"判断"，而追求进一步的阐释和反思，就需要在实践中对每一概念性观察纬度的教学活动事实进行二次还原，以便进行诠释与反思。但这种还原面临着还原的扭曲或部分缺失的危险。而这种实践取向的对"有意义的教学片段"的课堂诊断，无须对事实进行二次还原，且以视频为载体的教学全程记录，关照到"经验的不可还原"。一方面，这种诠释与反思的直接性，是量化诊断无可比拟的。另一方面，在对"有意义的片段"的诠释与反思中，是不受局限性科学视角的框定的。量化诊断只能从诊断视角回到诊断视角，而实践取向的教学诊断，能够尽可能直观地洞察全貌。

（4）结论创新

结论是对全文观点的总结与进一步升华，是通过使用合理的方法研究相关问题后的回答。结论的创新性也是评判论文质量的一项重要依据，因此，结论创新也尤为重要。学术论文的结论创新是指研究者能够提出与已有研究相区别、具有新颖性和独特性的观点或发现。需要强调的是，不可为了创新而创新，创新的结论应在严谨的研究中得出。

以论文《汉族与少数民族英语专业学生词汇学习策略对比研究——

---

① 魏宏聚. 教学切片分析：课堂诊断的新视角[J]. 教育科学研究，2019，（2）：63-67.

基于云南省三所高校的实地调查》[①]为例。作者采用调查问卷和访谈的方法对云南省三所高校 214 名汉族和少数民族英语专业学生词汇学习策略的使用情况进行探究。而作者在结语部分提出"本项研究结果与以往的一些相关研究结论并不一致。汉族和少数民族英语专业学生在社会/情感策略的整体使用上未存在差异性,但在具体策略的使用上呈现显著性差异,比如说双语少数民族学生比汉族英语专业学生在学习英语词汇时更善于合作"。以往研究大多则认为:"大部分少数民族学生在英语学习中忽略了情感策略和社交策略。"造成研究结论不同的原因为:调查对象的专业差异和对少数民族学生的划分不同,作者认为很多少数民族学生的民族身份仅仅体现在身份证上,他们的语言和生活习惯已经完全有了变化,所以在研究时,应对少数民族学生做进一步的划分。该文的研究设计和研究过程严谨、科学,且作者对结论进行了详细的解释,所以我们认为此论文的研究结论具有创新性。

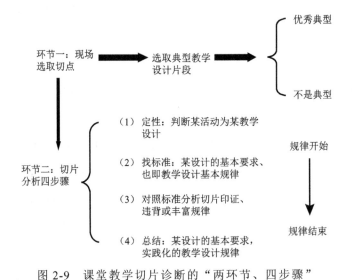

图 2-9　课堂教学切片诊断的"两环节、四步骤"

---

① 马艳,张春杰. 汉族与少数民族英语专业学生词汇学习策略对比研究——基于云南省三所高校的实地调查[J]. 民族教育研究,2016,27(2):55-61.

（5）应用创新

实践应用是科学研究的最终追求，而学术论文的应用创新则源于其独特的视角、方法以及理论创新。这一过程不仅将科研成果应用于更广泛的领域，拓宽了原有的应用范围，还通过实践检验了既有理论的准确性、可靠性和适用性，进一步推动了理论体系的革新与发展。

以论文《美国加州教师表现性评价（PACT）研究》[①]为例。研究者介绍了美国加利福尼亚州（简称加州）开发设计了全国首个旨在针对职前教师资格认证的表现性评价方案 PACT，以考查职前教师在真实教学环境中的教学信度与效度。PACT 要求教师候选人或职前教师在他们的教学计划中展示他们是如何依据学生已有知识与经历来设计和实施教学，以此分析学生学习成果，反思自己的教学实践，从而改进教学实践。大量的研究证明，PACT 的实施具有良好的信度与效度，提升了教师候选人的教学能力和职业反思能力，促进了学生学习。因此，深入了解加州教师表现性评价构成可以为我国教师评价提供应用创新的思路。该文基于文献研究法、历史研究法和个案研究法，以美国教育政策的导向、美国教育面临的挑战和教师质量有待提升为研究背景，从 PACT 的三个理论构成及设计框架、评价依据等方面进行了分析，并关注了其评价的实施效果，以 PACT 的教学示例为例，对该示例的教学计划、教学计划评述、教学反思和所使用的教学材料四方面进行分析，总结出了 PACT 的特点及其对我国的启示。通过借鉴 PACT 的相关评价经验，作者提出了针对我国教师评价体系的优化措施与建设性意见。作者通过对已有文献的梳理发现，在教师表现性评价的具体实施过程的研究中，国内研究尚处于空白。该研究从加州大学洛杉矶分校教师教育计划所提交的 PACT 教学示例入手，以

---

① 邱继萼. 美国加州教师表现性评价（PACT）研究[D]. 四川外国语大学，2022.

小见大，为后续的学者研究加州教师表现性评价的实施提供参考，因此这篇论文充分体现了学术论文的应用创新。

综上，科学研究不仅极大地拓宽了人类对于世界的认知和实践的边界，而且其本质属性在于创新。"问学要根柢，文章忌雷同。"从这个意义上说，科研创新彰显着研究者严谨治学的态度和高尚的学术道德。

第 三 章

正确回应期刊的返修

在回应期刊的返修要求时，耐心和细心是不可或缺的。首先要确保充分理解编辑和审稿人的反馈意见，然后依据这些意见对论文进行细致的修改和合理的解释。同时，与编辑和审稿人保持积极的沟通，及时提供修改后的内容和相关证据。本章将详细阐述论文返修的回应流程、有效的回应技巧以及实用的修改策略，旨在提高论文的质量，增加其被接收的可能性，并加快出版速度。

第一节　有效回应返修建议，增加论文接收概率

一篇论文的发表要经历多个环节，而进入返修环节则意味着我们距离成功接收更进一步。然而，收到返修建议并不意味着论文必然会被接收，因此我们必须高度重视这些建议。通过细致解读编辑的反馈，并针对性地回应与修改，我们可以显著提升论文被接收的概率。接下来，本节将详细阐述论文返修建议的回应流程与技巧，助力作者更好地应对这一环节。

一、论文返修建议的回应流程

（一）学术论文返修建议回应的一般流程

学术论文发表前须历经严格的审稿流程，以确保学术质量和专业性。审稿人通常会提出全面、建设性的意见，作者在回复审稿意见时要注意以下几个要点：首先，应当对审稿人的意见与建议表示由衷的感谢。其次，要认真对待审稿人的审稿意见，并提供全面而详尽的回复。如果论文有多个审稿人，应当采取"一一对应"的方式，按照"一段意见、一段回答"的形式，确保每个审稿人的建议都得到了单独的回应和讨论。最后，回应的时效性亦需把握得当。不宜过于匆忙或拖延，通常在时间节点前一至两天内回复，这样既展现了我们对审稿意见的认真考量，也体现了我们充足的准备和尊重。

在回复审稿意见时，我们应秉持尊重与平等对话的原则。对于审稿人提出的具有建设性的、能够提升文章质量的宝贵意见，我们应表达由衷的感谢，并积极采纳和修改，以此体现对审稿人专业判断的尊重和认可。接下来，我们需审慎评估是否认同审稿人所提出的问题。若不认同，分两种情形：一是可能由于理解上的偏差导致对审稿人意图的误解；二是我们确实不认同审稿人的某些观点。而当我们认同审稿意见时，同样需要区分两种情况：一种是问题可以通过合理修改来完善；另一种则是无法修改，应给出合理原因。以下是具体的回应审稿意见思路图（图 3-1）。

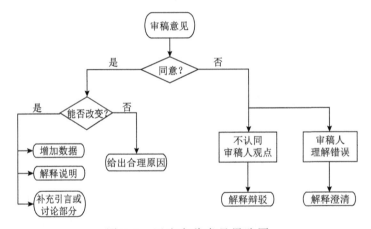

图 3-1　回应审稿意见思路图

（二）不同意审稿意见的回应流程

若你不认同审稿人提出的审稿意见，一般分为以下两种情况。

1. 存在误解

存在误解的原因可能是审稿人未完全理解或作者的叙述不够清晰。在此情况下，有必要进行详尽的解释。审稿人是读者的代表，他们的误解可能也反映了其他读者的困惑。因此，建议在涉及的内容上进行适当的修改和调整，以确保信息的准确性和可读性。

2. 不认同审稿人观点

若不认同审稿人的意见，首先应对其反馈表达感谢。若审稿人提出一个备择假设以反驳研究的结论，即认为该数据存在其他解释方式，应当通过两方面进行反驳：一是引用前人的研究成果来佐证该结论的合理性，二是展示自己研究中其他相关结果来加强论证。

对于审稿人指出的无法修改的内容，应详细阐述其无法更改的具体原因，并说明为确保研究的完整性和可靠性，已采取何种弥补措施。

（三）同意审稿意见的回应流程

若你认同审稿人提出的审稿意见，分为以下两种情况。

1. 可以修改

当审稿人提出备择假设，且无法通过前人的研究成果或当前研究的其他结果来反驳时，应考虑对论文进行修改。修改主要可分为两类：小修和大修。小修通常涉及格式调整、用词错误、语句错误或图表的微调，这些修改对论文内容无显著影响。而大修则涉及对论文内容的较大幅度改动，包括数据处理、补充必要的内容以及文章细节的深入解释和说明。

2. 无法修改

无法修改的情况是指审稿人提出无法通过小修或大修解决的问题，如研究逻辑存在重大漏洞、研究方法缺乏科学性或研究结论无法支持假设等，此时需要提出合理的理由来向审稿人进行说明和解释。

例如，有研究者在一次投稿过程中遇到了有关"数据处理问题"的情况。审稿人提问：一开始的五个试次为什么被去掉，如果不去掉结果如何？他的回答思路是：我们去掉的原因是认为这五个试次是练习试次，特别是对于反应时的研究来说，练习是很必要的。五个试次以后算正式实验。但为了说明我们文章中确实没有操控数据的问题，在回复信中加入一个表格，把去掉五个试次前后的结果列出来对比，证明发现的结论是不变的。从上述示例中可知，当面临无法修改的问题时，应避免坚持己见、一意孤行，而应提出有说服力的合理理由来向审稿人进行解释和说明。

总而言之，在回复审稿意见的流程中，要做到点对点回复，应改尽改、不卑不亢、有理有据。

二、论文返修建议的回应技巧

返修，是编辑人员根据论文实际情况，参考专家审稿意见及具体要求，对原稿进行系统、全面的修改和完善，使稿件满足刊出标准。返修的目的是提升论文的科学性、创新性、实用性和可读性，并确保其内容与所投刊物的办刊宗旨相契合。在修改过程中，作者应仔细补充遗漏的内容，修正文中的不足之处，以精练的篇幅传达尽可能多的信息，为论文的顺利发表奠定坚实基础[①]。此外，收到修改意见后，另一重要任务便是妥善回应审稿人的返修建议（表 3-1）。

---

① 张惠民，程琴娟. 从一篇论文的评审看审稿专家、编辑和作者的合作[J]. 编辑学报，2011，23（6）：529-531.

表 3-1　论文返修建议的回应技巧

回应技巧	示例论文	范例
针对性	《编辑应能协调作者与审稿专家的不同意见》	例如，首先，对合理的指正一定要认真接受并表示感谢。如果审稿人所要求的修改是错误的，那更需要找到足够的证明（多个高质量文献引用），有理有据且态度和缓地告知审稿人；如果审稿人所要求的修改看起来不是十分必要，通常也需要修改，目的是向审稿人表明作者有在听取和理解他们的建议。当审稿人对文章数据或分析方法有异议时，往往意味着要重新分析，其中方法部分、图表、结果、讨论部分可能需要着重修改。
独立性	《科技论文多次退修的原因探析及应对策略》	例如，导师可能会对论文从题目到结尾进行彻底的"批斗"。当你将论文请其他学科背景的老师指导时，论文在二次指导之下将可能面临文章主旨观点的重新解读与释义。在此情况下你可能会开始按照老师的想法修改论文，但到后来可能会发现论文已经背离了自己的初衷。所以，在面对论文修改意见时，要对自己的论文有一定的解释力，保持独立性。
全面性	《按照审稿意见修改论文和写答辩信的体会》	在对审稿意见逐条回复时，作者可先表示同意审稿人的意见，并简要说明已经按照审稿人的意见补充了相关材料，且已将修改后的段落复制至答辩信中，其中新增文字用红色表示，同时把这一段新增的数据图也一并附在答辩信里。
结构性		例如：三段式结构 一、审稿人意见：将审稿人的某条意见复制于此。 二、回应：作者申明是否认同审稿人的该条意见或评价。若认同，应表示感谢并简要阐述将如何根据该意见进行修改或完善；若不认同，在表达感谢后，作者应简洁明了地阐述自己的理由。 三、修改：若作者认同审稿人的修改意见，应在此处详细说明在论文中进行的修改内容，指出修改部分的确切位置，如具体页码和段落，并提及是否对论文其他部分进行了相应的调整或补充。
严谨性	《修改退修稿件应注意的几个问题》	通读稿件全文，认真细致地阅读退修单及专家提出的修改意见，结合稿件的内容逐条分析这些意见，对正确的意见逐条修改；对有待协商的问题开诚布公地提出自己的见解，供专家和编辑参考；认为审稿意见不正确或有重要错误的部分，作者应查证相关资料或原始实验资料并认真核实，以真诚的态度向审稿专家或编辑部进行书面答辩。
放平心态	《按照审稿意见修改论文和写答辩信的机会》	审稿人的评价通常不会局限在一个层面。一方面，一些审稿人会给予积极评价，对于这种情况，要保持谦虚的态度对审稿人表示感谢；如果认同评价应及时做出修改。另一方面，一些审稿人会给予负面评价，针对负面评价要保持冷静客观的心态，和审稿人观点不一致的地方应委婉地回复并加以佐证，以便让审稿人更加清晰地理解作者的思路和意图。

续表

回应技巧	示例论文	范例
科学依据		在面对数据、分析方法或观点等与审稿人意见不统一时，首先，作者要充分解读审稿人的意见，确保没有误解审稿人的真实意图；其次应提供充分、翔实的数据和参考文献作为佐证来支撑自己的观点，提供强有力的证据来解释和辩驳。特别是在观点类内容上存在分歧时，作者应基于足够且权威的参考文献，结合审稿人的意见，有条理地分点阐述，并依照正文的格式列出相关参考文献。

三、回应返修建议的常见问题

稿件投递后，无论是收到要求大幅度修改还是小幅度调整的回复，均表明稿件内容在一定程度上获得了期刊的认可，但仍需进一步完善。针对审稿人提出的意见，作者应进行有针对性的修改，以提升稿件质量，确保后续顺利刊发。在完成修改并准备再次投稿之前，另一项重要工作不容忽视，即撰写修改后的回复。此时，作者需特别留意以下问题，避免"功亏一篑"。

（一）注意返修意见有无具体截止日期

准时是科研工作者应当具备的基本素质。当修改建议中包含补充数据等复杂任务时，作者应尽早与编辑沟通，申请合理的延期（若条件允许，则尽量及时完成补充）。然而，有些作者可能在截止日期临近时仍未完成修改建议的回复，此时可能需要直接申请延期。若确实需要更多时间来完成特定任务，如补充实验，作者可以在其他修改建议得到妥善处理之后，在相关修改意见和给编辑的回复中额外提出延期申请。这样的做法既不会对整个审稿流程造成过多延误，又能向审稿人展示作者对修改工作的认真态度与决心。此外，修改期限的长短往往反映了修改任务的繁重程度。如期限为 1—3 周，则可能仅需进行小幅调整；若期限为 1—3 个月，则可能涉及较大规模的修改。因此，在决定是否补充实验以及补充多少等方面，作者也可以参考编辑给予的修改期限来做出合理判断。

（二）关注返修意见中有无对课题设计的质疑

审稿人对论文的评价反馈中常常涉及一些根本性问题，诸如数据匹配、研究设计和创新性等。例如，审稿人指出："研究具体教育教学实践类型，但你分析的数据都是某教学情景而不是某类型，数据便会不匹配。"或者列举一些同类型的研究文献并提问："相较于已有研究，你的研究价值何在？你的课题创新性如何体现？"这些问题直指研究的核心，因此可能需要作者进行深入的调整和改进。审稿人根据评估结果，可能会建议研究者重新分析数据或考虑将论文降档后再次投稿。面对这些反馈，作者应当保持冷静和客观，专注于审稿人指出的具体问题，深入评估课题的创新性和实际操作的可行性。如果经过评估发现确实存在重大问题，作者应当考虑进行必要的补充修改或接受降档再投的建议。整个过程中，总结和吸取经验是至关重要的，这将有助于作者在未来设计新课题时避免类似问题的再次出现。

（三）审稿人的返修意见错误如何回应

鉴于不同个体在思维模式上的差异，审稿人的反馈呈现多样性，涵盖建设性建议、质疑乃至对论文立场的直接反对。全面采纳所有意见在实际操作中并不可行，故存在不同意见和分歧是常态。面对这些分歧，作者应当提供充分且有力的论据进行反驳或解释，针对不同部分辅以相应的数据或参考文献作为支撑。若审稿人对稿件存在误解，应礼貌地指出并予以澄清；若认为某些修改要求并非必要，则需给出合理的解释和依据。在回复审稿意见时，应确保回复内容既有理有据、又有益于稿件质量的提升，同时保持适当的分寸，避免消极态度，展现对审稿人意见的尊重和重视。对于难度较大的修改建议，作者应坦然面对问题，并详细阐述修改的思路和计划。例如，当审稿人对某结果的意义提出质疑，并建议调整或删除时，即使作者坚持原文结果的正确性，也应在回复中首先表达感谢，并说明："很抱歉我们的表述不清造成您误会，我们对结果部分的描述重新做了修改，结果如下所示……"。总之，无论是选择删除部分内容还是调整描述，都是出于提升稿件质量的考虑。在回复中，应采取委婉的措辞，避免直接冲突或漠视，以增加稿件被接受的可能性。

（四）如何应对文章被贬低得一无是处

在处理审稿人反馈时，若审稿人主要关注研究的创新性和研究意义，作者在回复中应重点解释这些核心问题。如遇到审稿人认为研究缺乏新意或不宜发表在某杂志上的意见时，即使有些审稿人建议直接拒稿或修改意见较少，但编辑给出的修改建议说明文章仍有被接纳的潜力。此时，应重点审视审稿人的具体反馈，深入探究可能导致拒稿的原因，并针对这些意见进行有针对性的修改，以完善研究后再度提交审核。

（五）文章不同程度的修改意见应如何应对

面对审稿人提出的返修建议，无论涉及文章框架的大范围调整，还是错别字等细微修改，作者都需仔细阅读并确保无遗漏。对于存疑之处，应通过查阅文献或请教专家进行反复推敲，确保准确理解审稿意见。这样，作者就能更精准地回应审稿要求，展现其严谨认真的学术态度。

（六）面对非必要的修改意见应如何做

审稿人提出的修改建议有时虽对论文整体质量提升帮助有限且修改过程繁琐，特别是涉及数据或研究方法时，可能需要重新分析并引发全文多处调整。面对这种情况，投稿者可能产生抵触情绪，考虑不修改或侥幸通过。然而，这种心态应被摒弃，即使是非必要的修改意见也应给予重视并审慎考虑。对于审稿人提出的可商榷建议，宜采取接受态度；若完全不同意，则应重新分析相关内容，并附上详尽的过程和结果，以此作为充分说明。

（七）撰写回复信时应该注意哪些问题

审稿人的反馈是文章修改的关键参考，回复时需详细回应每条意见，明确标注修改内容，必要时附上相关资料以便审稿人和主编对照。回复信应仔细复核以防疏漏，其排版亦能体现作者的治学严谨。在回复时，需注重语气的尊重和文稿格式的规范，这不仅能提升审稿效率，还有助于提高文章被接收的概率。

总体而言，在回应审稿人的返修意见时，一方面，要对返修意见保持理性认识。投稿人应聚焦在改进文章质量上，而非仅关注拒稿建议。另一方面，要对返修意见保持端正态度。不论是回复信的语气礼貌，还是对截止时间的重视，或是格式上的尽善尽美，都能为审稿人节约时间，加深其对文章的理解，并增加对投稿人的好感，从而提高投稿的成功率。

第二节　有效修改论文内容，加快论文出版速度

在学术界，论文的出版速度和质量对科研人员来说至关重要。然而，许多人在将论文提交前常常未充分意识到适当修改的重要性。本节将探讨如何有效修改论文内容，以提高论文质量，加快其出版速度。这不仅有助于提升个人的学术声誉和影响力，更能为学术界乃至整个社会贡献更多的科研成果和创新价值。

一、修改论文内容的两大技巧

论文修改有广义和狭义两种理解。广义的论文修改包括在写作过程中对论文的每一个环节的修改；狭义的论文修改则专指初稿完成之后的加工修改。优化论文内容是提高论文质量必不可少的步骤，接下来我们将着重从两方面来阐述论文修改的技巧：一是确定论文修改的内容和范围，二是掌握修改论文内容的有效方法。

（一）论文修改的内容和范围

论文修改的内容和范围一般包括：思想观点的修改、材料的修改、结构的修改和语言及标点的修改等，接下来我们逐个介绍。

1. 思想观点的修改

撰写文章的核心目的在于清晰传达个人思想并推广自己的主张。

若作者自身对某一主题的理解不够深刻，甚至存在误区，这不仅难以惠及读者，更有可能误导他们并造成偏见。而文章的论点，作为全文的核心，若缺乏深度与见识，整理文章的素材和结构亦将变得困难重重。因此，在修改论文时，首先要考量的是文章的主题、观点是否准确无误，作者的见解是否深刻独到，以及文章是否具备新颖性。

在修改论文的思想观点时，首先是全局审视，确保中心论点准确、集中且鲜明。若存在偏差或错误，需进行大刀阔斧的改写或重写。其次，对于主观、片面或空泛的内容，需通过强化、增补和改写来丰富其内涵，使其更加客观、全面和鲜明。对于偏颇、片面或模糊的观点，亦需进行针对性的修改和完善。对于陈旧或立意不高的观点，应设法提升其新颖性和深度。最后，务必重视论文标题的修改，力求短小精练、指向明确，以吸引读者的兴趣，并确保文题相符。

2. 材料的修改

材料是文章的"血肉"，是支撑观点的重要论据，是论点稳固的基石。对于材料的选用，首要要求是必要性，即材料必须能有力支撑观点，确保论据的充分性；其次强调真实性，所选材料必须贴近实际，准确无误，可靠可信；最后追求合适性，即材料的引用应恰如其分，既不冗余也不匮乏，恰到好处。在论文修改过程中，需审视材料是否确凿有力、来源明确，能否相互协作以强化论点，是否充分展现论证力量，逻辑是否严密，以及是否具备足够的说服力。对于材料不足的部分，应予以补充；对于空泛、陈旧、平淡的材料，应予以替换；对于不真实或与主题不相关的材料，则应果断剔除。

材料修改的关键步骤分为两方面。第一步，进行查核校正，确保所有材料都真实、可信且准确无误。对于任何存疑或前后矛盾之处，都应深入探究并进行修正，同时核对引用的经典文献，以确保论文的严谨性和可靠性。第二步，根据论点的需要，对材料进行精心的增、删、调整。若材料不足以支撑论点或力度不足，需补充新的、更具说服力的材料；对于冗余或与论点不符的材料，则果断删除；陈旧或一般化的材料亦需替换，以确保论文论证的充分性和有效性。

3. 结构的修改

结构是论文表现形式的重要因素，承载着论文内容的组织与安排。结构的优劣直接关联着论文内容的表达效果，而结构的调整则影响着整篇论文的布局与安排。进行结构调整时，首要任务是确保思路的连贯性，审视论文中心是否鲜明，层次是否分明，段落划分是否合理，以及开头、过渡和结尾是否相互呼应，从而形成一个完整且逻辑严密的体系。这一调整过程旨在凸显中心论点。因此，修改论文结构时，应重点关注三个方面：首先，确保层次清晰、思路通畅。检查大小标题之间的关系，以及内容是否符合"提出问题、分析问题、解决问题"的逻辑。调整布局和段落安排，确保条理分明、层次清晰。其次，保证结构完整。论文须有绪论、本论和结论三部分。须审视三部分结构是否协调一致，主次、详略是否得当。最后，强化结构的严密性。确保论点与论据、大论点与小论点之间的逻辑严密。删除冗余部分，并精心考虑和修改全文的过渡、照应、结构衔接以及语气连贯等方面的问题。

4. 语言及标点的修改

语言是思想表达的核心工具，为了确保论文的准确、简洁与生动，必须在语言运用上进行精细的推敲和细致的修改。论文的语言修改主要集中在以下三个方面：首先，表达必须清晰且精练。用最少的文字来阐述尽可能多的内容，是高质量论文不可或缺的标准。因此，应去除冗余和重复的叙述，将其精练为简洁、直接的表述。其次，文字表达需准确无误。为了提升语言的准确性，应纠正那些模棱两可、似是而非的表述，代之以精确无误的文字表达。最后，语言应具有可读性。要使论文更加吸引人，需要将平淡的语言变得鲜明，将拗口的句子变得流畅，将刻板的叙述变得生动，将隐晦的表述变得明快，将含混、笼统的叙述变得清晰、具体。

在修改过程中，需注意以下关键点：第一，确保语言准确、生动、简洁，避免生造词汇、词类误用及词义混淆。第二，修正结构问题、搭配不当等语法错误，确保句子逻辑连贯、通顺流畅。第三，细致检查标点符号与书写规范，避免因标点使用不当或书写潦草导致的误解。第四，对论文中的图表、符号、公式等应严格审查，确保其符合学术规范。通过这些细致的工作，我们能够有效提升论文的整体语言质量。

（二）修改论文内容的有效方法

修改论文内容的有效方法主要包括热加工法、冷处理法、诵读法、求教法及电脑修改法等。接下来，我们将详细介绍各种方法的具体运用。

1. 热加工法

热加工法特指在初稿完成后，立即着手修改，此时思路尚清晰、情感充沛，能迅速捕捉到写作过程中的疏漏或错误，并予以补充修正。这一方法的优势在于保持了写作状态的连贯性和一致性，对论文内容有深刻印象，因此修改效率较高。然而，热加工法要求初稿构思成熟、基础扎实，否则由于时间紧迫，可能仅止于对标点、错别字的简单修正，难以对论文整体质量产生实质性提升。

2. 冷处理法

鉴于热加工法的局限性，其虽能迅速捕捉并修正初稿中的明显错误，但此法受限于初稿的逻辑框架，难以跳出原有构思，发现深层次问题或观点偏颇、结构疏漏。由于思维惯性，短时间内完成的修改往往局限于表面。因此，采用冷处理法成为一种更为有效的策略。在初稿完成后，有意识地让论文"冷却"一段时间（如半个月、一个月或更长），有助于克服思维的惰性，跳出原有框架。从新的角度，以更客观、公正、冷静的态度审视论文，更易于发现遗漏、不妥之处，并在阅读新材料和思考问题中产生新的见解。这种"冷却"过程不仅能让作者以"读者"的视角审视论文，发现其不完善之处，还能促进论文水平的新提升。因此，冷处理法能使论文更全面、完整地得到改进。

3. 诵读法

诵读法要求作者在完成论文初稿后，通过多次诵读来查找和修正论文中的不足。这种方法要求每次诵读都带有明确的目的，分别关注论文的内容与主题、准确度和清晰度，以及写作技巧。诵读时，应将论文中的每个字清晰地念出，确保语言流畅，如同日常对话般自然。这种反复的诵读过程，正如古代诗人反复吟唱诗文直至顺口为止，能够帮助作者发现诸如缺词漏字、语句不通顺、衔接不紧密、过渡不自然等语言表达问题。当遇到不顺畅的表达时，应仔细推敲，努力修正，以提升论文的整体质量。因此，依据日常说话习惯和语感，多次诵读初稿，是优化论文语言表达的有效途径。

4. 求教法

求教法是一种集思广益的修改策略，强调虚心求教，旨在通过广泛征求专家、师长、同事或同学的意见来优化论文初稿。这一方法基于"三人行必有我师"和"愚者千虑必有一得"的智慧，认识到个人的认识总有局限，而多听取他人的意见能显著提升修改质量。在虚心采纳他人建议时，应保持开放态度，既展现自身有价值的观点，也不因思维差异而疏远他人。由于旁观者往往具备不同的生活阅历、文化背景、思维方法、审美情趣和学术观点，他们能从新颖的角度审视论文，有助于发现作者未察觉的问题和潜在缺陷，从而提高论文的整体质量。

5. 电脑修改法

学术论文的修改过程可以充分利用现代科技手段，如电脑软件来辅助。这些软件通常具备中英文拼写与语法校对功能，能够自动识别并标记出潜在的错误，提供替换建议，有效防止低级语法和标点错误的出现，同时也有助于提升作者的语言表达能力。

论文内容的修改是论文写作过程中不可或缺的一环，对于提高论文的整体质量及作者的写作能力具有重大意义。作为作者的心血结晶，每一篇论文都值得我们在修改时持有负责和谨慎的态度，以最大化地发挥其学术价值。

二、修改论文内容的常见问题

"研究是做出来的，论文是改出来的，一篇好的论文需要反复打磨。"[①]学术论文的修改对于打造一篇优秀的作品至关重要，其成功

---

① 周光礼，赵婷婷，陈·巴特尔. 博士生培养省思（笔谈）[J]. 中国高教研究，2020，（8）：36-42.

与否直接关系到论文的质量高低，并影响着论文是否能被期刊顺利录用和发表。一篇完整的论文，由摘要、关键词、正文、参考文献等部分构成，每一部分都承载着其独特的功能和意义。同时，由于不同期刊和学校的具体要求有所不同，论文的格式排版和修改也需严格遵循相应的参考格式。然而，在实际操作中，部分论文仍会出现诸如分级标题字体字号一致、缩写词（组）未标明全称、引文位置不规范、图表使用格式混乱等格式问题，这些问题无疑会对论文的整体质量造成一定影响。正确的论文格式设置是内容修改的前提，它不仅能够清晰地展现论文的结构层次，还能帮助读者（包括编辑和审稿专家）更好地阅读和理解文章内容，提高文章的可读性。同时，规范的格式设置也为作者修改论文内容提供了便利。当前，学术论文内容修改中存在的主要问题涉及标题、摘要、关键词、引言、研究问题、文献综述、研究思路、研究方法、研究过程、研究结果、研究讨论、研究结论、研究启示以及参考文献等多个方面。接下来，我们将针对这些常见问题展开详细的阐述。

（一）标题的常见问题

学术论文的标题是其核心组成部分，承载着概括文章内容、吸引读者目光的重要职责。主标题应当精准地总结文章的主旨，突出展现研究的关键点，如核心观点、研究主体、研究内容等。副标题则作为主标题的补充或强调，尤其在商榷性论文中，它有助于明确研究范围或论文的侧重点。分标题的设置旨在清晰呈现文章的层次结构，确保文脉流畅，便于读者阅读。这些分标题应层次分明，体现作者的写作逻辑，并对主标题进行逐步深入的解读。在学术论文的撰写过程中，主标题的表述往往是需要特别留意和反复推敲的环节。在撰写学术论文主标题时，主要存在以下三个方面的问题。

1. 标题含混，主题不明

在修改学术论文标题时，应追求直截了当、简洁明了的效果。过长的标题容易显得繁琐和累赘，不利于读者快速把握文章主题，进而可能影响其阅读兴趣。通常情况下，标题的字数应控制在 20 字以内，以 12 字以内为佳，这样更能精准地概括文章的核心内容。

2. 标题泛化，名不副实

在撰写学术论文时，标题的选择至关重要。有些论文的标题过于抽象和空泛，缺乏明确的聚焦点，实际上其内容却仅限于探讨某地域、某方面的特定问题，或者在有限的篇幅内（不足万字）空洞地探讨一个大话题。这类标题往往过于宽泛，足以作为专著的题目，但文章的实际内容却远未达到这样的深度和广度。标题中提到的主题词在文章中可能只是简单提及，而未进行深入探讨和详细论述，导致文章与标题之间存在较大的不匹配。这种情况使得文章显得空洞无物，缺乏实质性的内容和深度。

3. 标题跨界，不合规范

在撰写各类文章时，每种类型都有其独特的规范和辨体词，使得读者仅通过标题便能迅速辨识其是新闻稿、政论稿还是学术论文。然而，值得注意的是，部分学术论文的标题设计过于花哨，缺乏学术论文应有的庄重与严谨。以一篇探讨"本科生导师制"的论文为例，读者阅读时可能会误以为是教育部发布的政策文件或报告，而实际上它是一篇学术论文。尽管学术写作鼓励创新思维，但标题的设定仍需遵循学术规范，保持得体与庄重，以符合学术论文的基本要求。

（二）摘要的常见问题

学术论文的摘要发挥着吸引读者并为其提供主要研究内容的作用，同时也是关系到论文能否被录用、发表及检索的重要因素。GB 6447-86《文摘编写规则》规定，文摘（Abstracts）是以提供文献内容梗概为目的，不加评论和补充解释，简明、确切地记述文献重要内容的短文。摘要的基本要素包括目的、方法、结果、结论和其他。其中"其他"是指不属于研究、研制和调查的主要目的，但就其见识和情报价值而言，也是至关重要的相关信息。同时，摘要需用第三人称的写作方法，应采用"对……进行了研究""报告了……现状""进行了……调查"等表述方式，以准确标明文献的性质和主题，避免使用"本文""作者"等作为主语[①]。

根据上述分析，当前在学术论文摘要的撰写过程中，普遍存在三大问题：摘要缺乏客观性、摘要成分的缺失以及摘要语言不规范。接下来将分别对这三个问题进行阐述。

1. 摘要缺乏客观性

摘要需要对文章中的主要观点进行客观描述，作者不应该也不能够对文章进行主观而片面的评价，更不能言过其实。例如，一篇关于微课在教学中的应用的文章，摘要中出现了"有利于"这样明显带有主观倾向的词语，违背了摘要客观性的原则。

2. 摘要成分的缺失

部分论文的摘要中会出现要素缺失的现象，因而不能完整地呈现出论文的结构和研究步骤。例如，有些文章在摘要中只交代了研究背

---

① 郭纹. 学术论文摘要写作常见问题及解决对策[J]. 科技传播，2018，10（10）：154-157.

景、目的和方法，并没有呈现研究课题得出的主要结论，因此导致文章摘要的成分有所缺失，没有发挥出摘要应有的作用。

3. 摘要语言不规范

有些论文的摘要中会出现语言不规范的现象，导致摘要没有客观清晰地呈现出论文主要的内容。例如，有些文章的摘要中出现了"本文"等字眼，违背了语言规范原则，并在摘要最后对文章进行了评价，不利于读者客观看待文章。简而言之，摘要是一篇独立的短文，其写作关键在于清晰、简洁地呈现作者的主要观点。

（三）关键词的常见问题

学术论文中的关键词必须为准确的单词或术语，其在论文中承载着重要意义。首先，关键词能够直接且明确地反映文献的核心主题，使读者在尚未阅读论文文摘或正文之前，便能快速了解论文的主要内容，从而做出是否进一步阅读的决策。其次，关键词作为文献检索的基础，通过索引和倒排文档等机制，为读者提供了快速、高效地查找相关文献的途径，极大地提高了文献检索的效率和准确性。因此，关键词在学术论文中具有重要的检索意义。在撰写论文时，关键词选取也是容易出错的环节，具体主要表现在以下四点。

1. 关键词选取错误

由国家标准中对学术论文关键词的描述可知，关键词应为单词或术语。然而，在实际撰写过程中，不少学术论文作者错误地将词组或短语选为关键词。这可能是由于作者试图使每个关键词都能更全面地表达论文主题，意图将关键词写得完整而全面，结果却违背了关键词的规范选取原则。

2. 关键词不够精确

关键词的核心功能在于通过其逻辑组合来精准揭示学术论文的主要内容。然而，不少学术论文在刊发时并未准确把握关键词的此项作用，导致所列出的关键词组合无法有效指示论文的核心内容，从而削弱了其在参考文献标引中的辅助功能。例如，在一篇关于儿童精神哲学的文章中，作者的关键词有"儿童教育""精神哲学"和"逻辑思维"，实际上根据文章副标题及文章内容可知，该文主要是作者阅读刘晓东老师的书籍《儿童精神哲学》后总结出的感想。因此，为了更准确地反映文章主题，关键词中也应包含"儿童精神哲学"，以确保其逻辑组合能全面而精准地揭示论文的主要内容。

3. 关键词有泛意词

为了确保关键词的逻辑组合能够精准地揭示学术论文的主题，所选关键词应避免使用泛意词。然而，在一些论文中，仍然能发现如"研究""分析""问题""服务""质量"等泛意词作为关键词的现象。这些关键词因其广泛适用于各种学术领域和论文类型，因此在特定论文中对于提示主题内容的专指性明显不足，从而削弱了关键词的基本功能。例如，在某些研究综述类文章中，作者将"综述"一词作为关键词，但由于其过于宽泛的适用范围，这类关键词在文献检索时难以精确指向符合要求的特定文献。

4. 关键词较为随意

随着信息技术的飞速进步，研究者通过输入关键词并采用相应检索策略，能够迅速、精确且全面地获取所需文献。然而，论文中若随意选取或使用不当的关键词，将极大降低文献检索的效率。特别是当遇到可组合或拆分的关键词时，检索的准确度将大幅下降，可能导致相关文献的遗漏。例如，一篇关于儿童敏感期的文章，作者将"儿童发展敏感期"作为关键词，较为随意。具体而言，该词可以进一步拆分为"儿童发展"和"儿童敏感期"两个更为具体的关键词。因此，使用如"儿童发展敏感期"这样仍具拆分可能性的词作为关键词，不利于研究者全面检索到相关文献，进而影响研究的深度和广度。

（四）引言的常见问题

引言作为论文的开篇，旨在以精练的篇幅阐述研究背景、目的与起因，同时概述相关领域的研究现状，并指出本研究与前人工作的关联，从而自然引出本文的主题，为读者提供明确的导向。此外，引言还可简要说明本文的理论依据、实验基础和研究方法，概括性地阐述研究内容，并预示研究的预期成果、重要性和未来发展前景，但无须在此阶段进行深入的讨论或分析。在修改论文时，引言常常存在以下两种问题。

1. 引言泛泛而谈

引言在论文中扮演着重要的角色，然而部分作者似乎将其视为一种形式化的存在，将引言与正文写作相分离，仅视为给论文增加的一个开篇。常见的情况是，引言部分往往泛泛而谈研究的重要性，即使涉及到研究主题，也常从宏观角度泛泛而论，缺少具体性和针对性。这样的引言难以让读者明确理解"论文命题"的实际价值，也难以分辨出当前研究与先前研究工作的区别。因此，论文的引言应当严谨地交代研究的背景，并概括性地阐述所研究问题的现状。以一篇探讨我国中小学 STEM 教育的论文为例，如果作者在引言中仅列举科技创新的重要性，并泛泛地介绍 STEM 教育在国际上的受重视程度和发展历程，而未能具体说明我国 STEM 教育的当前发展背景和挑战，那么这样的引言将显得缺乏深度和可信度。

2. 引言单纯罗列

引言的撰写不仅要体现研究背景的广泛性，更重要的是展现作者对研究背景理解的深度。部分作者对研究的问题了解不深，在介绍研究现状时往往只罗列出不同研究者的不同做法和结论，缺乏相关分析和归纳，也没有概括出研究的成果和存在的问题；有的作者甚至将一些与研究没有直接关系的文献也列在其中，片面追求资料收集的丰富性。从论文写作的角度来看，引言的主要目的是阐述论文命题的重要性和价值，而非简单地对研究资料进行综述。因此，作者需要用简洁的语言概括出研究的现状，特别是目前研究存在的难点和不足，从而引出论文研究的主题[①]。

当然，引言部分的问题远不止上述所提，还有许多其他问题，如篇幅过短、重要文献缺失、引用文献过多等。因此，研究者在修订论文时，对每一个部分都应进行细致入微的审视和考量，不得有丝毫马虎或轻视。

（五）研究问题的常见问题

研究问题是研究旨在解决的某一具体领域内现存的问题，通过对研究数据的分析和解释，在研究结论中寻求解答。在撰写时，常遇到的问题在于如何提出并准确表述研究问题。

1. 研究问题提出错误

研究者在提出研究问题时可能会犯一些常见错误，主要表现在三

---

① 谢天振. 学位论文写作指导与学术规范训练[J]. 中国比较文学，2005，（2）：34-39.

个方面：一是问题范围过大或过小，过大可能忽略问题的针对性、实施可行性及研究者能力的限制，影响研究的深入与论文的完成；过小则可能丧失研究价值，不利于研究的开展。二是问题表述不清晰或焦点分散，这会导致论文表达模糊、研究意义不明，甚至产生误导性结论。三是问题不切实际或缺乏意义，有些问题虽重要但当前技术无法解决，不适合作为论文的研究对象。这些错误常交织出现，影响论文的整体质量。例如，在一篇研究校外教育培训的文章中，作者提出的研究问题是"如何解决校外教育培训发展及监管中出现的失灵现象"。作者在论文中对校外教育培训监管的现状进行了概述，提出了完善我国校外教育培训监管的对策，但该问题范围过于宽泛，缺乏明确界定，且研究焦点不够集中，逻辑零散。此外，提出的解决方案涉及多方利益主体，实施难度较大。

2. 研究问题表达有误

在论文写作中恰当表述研究问题至关重要，但研究者常遭遇一些表达误区。这些误区主要涵盖三个方面：其一，流于形式。部分研究者未能提炼出研究问题的关键因素，而是简单罗列，导致问题与研究假设脱节，陷入形式主义的误区。其二，空洞无物。部分研究者在表述问题时过度诠释观念，使关键因素抽象化，研究边界模糊，研究问题成为对研究意义的重复解释，缺乏实质内容。其三，无的放矢。部分研究者在表述问题时思绪纷乱，关注点过于分散，导致关键问题不突出，研究边界混乱，多个问题混杂，缺乏明确目标。以研究我国教育公平问题的文章为例，虽然作者讨论了教育改革历史、现状、不公原因及公平对策，但未能深入触及教育公平的核心，仅进行表面列举，未提炼关键内容，导致表述显得杂乱无章。例如，在一篇研究我国教育公平问题的文章中，作者叙述了自改革开放以来我国教育改革的历史与现状、教育资源分配不公问题的原因，以及促进教育公平的对策和前景。但是，这些讨论未能触及教育公平的核心议题，仅仅是对某些方面进行了表面的列举。由于教育公平涉及的方面极为广泛和复杂，该文作者在处理研究问题时未能提炼出关键内容，使得整体表述显得较为混乱。

（六）文献综述的常见问题

文献综述是一个综合性过程，它不仅包括对文献的查找、阅读和分析，还涉及对这些文献资料的归纳、总结和评论。文献综述的质量直接影响论文的整体水平和学术价值。在撰写文献综述时，可能会出现以下问题。

1. 文献搜集不全面，导致遗漏了重要观点

在撰写文献综述时，若资料搜集范围过于狭窄或方法选择不当，便会导致所搜集的参考文献在数量和质量上均无法满足研究的实际需求。这种情况会使得研究者难以全面系统地掌握当前的研究状况，进而导致论文出现低水平的重复，或者仅仅停留在资料和数据的简单堆砌上，缺乏应有的理论深度和高度。例如，在某些论文的文献综述部分，文献的引用显得过于集中，甚至出现对同一篇文献的多次引用，或者仅仅引用一两位学者的观点。这种做法无法全面概括研究主题，也未能充分展现问题的整体面貌。因此，这些论文的文献综述在文献的数量和内容的深度上都显得不足，未能展现出应有的理论深度和广度。

2. 文献仅被简单罗列，缺乏深入的"综述"

在撰写文献综述时，一些作者往往只是简单地罗列出前人的观

点，而未能对这些观点进行系统的分类、归纳和提炼，导致文献综述显得杂乱无章，缺乏逻辑连贯性。这种做法既不利于清晰地梳理已有研究成果之间的关系，也难以洞察某一问题研究的发展脉络、深入程度以及存在的问题。这种"综"而不"述"的文献综述方式，仅仅是对他人观点的陈述，而未能通过深入的分析和评说来发现和确立论文的选题。例如，某些论文在文献综述部分，只是简单地堆砌了前人的研究成果，却未能在此基础上提出自己的见解，缺乏必要的深度分析。

3. 过分强调个人观点，缺乏必要的客观性

文献综述的精髓在于"综合"，旨在客观阐释与分析前人的研究成果。在此基础上，适当的"评述"应如点睛之笔，发挥评论或启示的效用。综述中的观点提炼必须以原始文献为基石，不可擅自曲解或强加于原作者。当综述者持有不同见解时，可以对原作者观点进行评议，但论据必须坚实有力，且需明确区分原作者观点与综述者本人观点，避免混淆。然而，部分作者在综述中对研究现状的梳理和介绍显得过于简略，而将大量篇幅用于个人评述，并在此基础上提出研究设想。这种做法有时会导致文献综述缺乏深度与客观性。例如，一些论文采用二次引用的方式，缺乏直接引用第一手资料，从而增加了主观性，可能导致对概念的理解产生偏差。此外，还有作者在文献综述部分提出的观点主要基于个人观点，而非过去文献研究的总结，其中可能掺杂了个人的喜好和倾向，这同样削弱了综述的学术价值。

4. 过分回避关键问题，而强调自身的研究

文献综述的目标在于探寻研究的独特视角和潜在的创新点，然而，部分作者在完成综述后，依然难以识别出研究的空白或待解决的

问题。因此，为了凸显自身研究的独特性和重要性，部分作者在综述中故意省略或淡化某些研究成果，甚至过度强调已有研究的不足。例如，在一篇探讨高职教育产教融合的综述文章中，尽管我国高等职业教育在 20 世纪 90 年代中期已确立其地位，并于 90 年代末迅速发展，且产教融合作为高职教育发展的关键方向已被广泛研究和讨论，但作者虽对我国高职教育产教融合的发展阶段进行了划分，并对现存问题进行了综述，但整体而言，这些工作并未展现出显著的研究贡献或独特见解。这种做法可能忽视了已有研究的丰富性和深度，从而限制了论文的学术价值和创新性。

（七）研究思路的常见问题

学术研究的目的在于深入理解研究问题，清晰地规划研究路径，并产出有价值的学术成果。理清研究思路既是开展学术研究的基础，也是保证论文写作顺利进行的前提[①]。研究思路作为研究的核心和首要因素，直接决定了研究的深度和广度。一个正确且高效的研究思路能够使论文更具逻辑性，有助于研究者高效完成研究任务。在学术研究中，验证和探索知识是核心任务。然而，在研究过程中，有时可能会出现方向性错误。这类错误虽然在学术论文中可能不如学位论文中那样显而易见，但其潜在影响不容忽视。这些错误主要体现在以下两个方面。

1. 研究思路不明确

在学术研究和论文写作的全过程中，确保研究思路的清晰和明确至关重要。一个不明确的研究思路可能导致研究逻辑出现混乱，对研

---

① 张品纯. 科技期刊编辑提高学术研究能力和论文写作水平的一些要点[J]. 中国科技期刊研究，2020，31（10）：1193-1201.

究的顺利进行产生显著影响。例如，一些选题具有重大意义和学术价值，但论文中部分内容的安排却明显偏离了研究主题，或者虽然与研究主题相关，但其在论文结构中的位置安排也值得进一步考量。更为突出的是，有些论文在第四部分或第五部分才开始真正紧扣研究主题，这反映了研究思路的不明确和缺乏系统规划。

2. 研究思路跑偏

研究思路跑偏通常源于论文关键概念界定的模糊性。关键概念在论文构思中占据核心地位，若其定义不明、充满歧义，则作者在撰写过程中极易偏离主题，导致内容不切题。以一篇探讨在线知识付费问题的文章为例，该文章的核心概念即为"在线知识付费"。然而，作者在文中并未对"在线知识付费"这一概念进行明确的界定，而是直接从其所面临的挑战和未来展望等角度展开论述。由于缺乏对核心概念的清晰界定，这篇论文在论述过程中出现了思路偏离的问题。

（八）研究方法的常见问题

研究方法是指在研究过程中为了发现事物内在规律，得出新的理论观点，而采用的方法、手段、工具。[1]常用的研究方法有调查法、观察法、实验法、文献研究法、实证研究法、定量分析法、跨学科研究法、个案分析法、功能分析法、数量研究法、模拟法以及信息研究方法等。随着信息技术的进步，定量计算、数学建模、计算机模拟等方法被广泛应用，并在持续改进和创新中。目前，论文中研究方法的使用存在以下一些常见问题。

---

① 孙建明. 新课程高考化学学科试题命制研究[D]. 武汉：华中师范大学，2014.

1. 方法过于陈旧

在一些学术论文中，研究方法的运用存在陈旧性。以分析某区人口分布状况为例，传统的做法通常是对该区域内的每个行政单元进行简单的人口数量计算，但掌握空间技术方法的研究者会采用地理信息系统网格分析的方法，直接以人口数据替代高程数据，生成该区域的数字人口模型。

2. 研究方法滥用

研究方法滥用主要体现在对量化方法的过度依赖和滥用，即过分追求方法本身而非研究需求。尽管量化方法因其精确性和客观性而受到青睐，但并非所有研究都适用。例如，某文章作者使用问卷调查来衡量教师的思想品德素质，然而，思想品德作为个人深层特质，可能无法通过问卷准确衡量，从而导致结果偏差，影响研究的准确性。

（九）研究过程的常见问题

学术论文的研究过程，即依据既定的研究思路，运用选定的研究方法对研究对象或问题进行探究，并通过文字、图表等形式详细记录实施过程。此过程在学术论文中的体现主要集中在两方面：一是量化研究中的数据收集、处理与分析；二是质性研究中对原始资料的展示及理论提炼。量化研究要求数据的获取与分析必须详尽丰富，以增强研究结果的可靠性；而质性研究则需完整充分地展现原始资料，以便于形成理论。然而，部分学者对研究过程呈现方式的理解存在误区，导致在修改研究过程时常常遇到问题。接下来，我们将对这些常见问题进行详细阐述。

1. 研究过程逻辑不清

在撰写质性研究论文时，部分学者存在内容提炼不清、语言逻辑混乱的问题，甚至混淆了研究过程、研究结果和研究结论。具体而言，有的文章虽然采用了访谈法进行调查，但部分理论提炼与访谈内容缺乏直接联系，逻辑演绎不严密。同时，一些论文中访谈内容的呈现也显得杂乱无序，小标题与具体内容不匹配，使读者难以把握论文的核心意图和主要观点。

2. 研究过程重点不明

在研究过程的表述中，有些论文会为了满足内容的充实性而大量堆砌数据和信息，这种做法往往会导致研究焦点模糊，给读者理解研究核心带来困难。因此，撰写研究过程时，研究者应明确研究重点，有针对性地选择和组织数据和信息，以确保它们能有效地支持研究目的和结论。同时，深入分析和解读这些数据和信息也至关重要，以便为读者提供更深刻的见解。例如，在某篇探讨教学与校本教研活动的调查报告中，虽然理论上教学和教研活动应平衡呈现，但作者在数据描述与分析时将其划分为七个部分，其中教研活动仅占一部分，而教学活动占据其余六部分，显然这种分配使得研究重点不够突出。

3. 研究过程图表乱用

研究过程的撰写目的是为了让读者能够清楚地了解研究工作及其与后续结果的紧密联系。为了达到这个目的，研究者可以采用示意图和表格作为辅助工具。然而，部分研究者的绘图技巧有限或对图表功能的误解，可能导致在研究过程撰写中出现图表使用不当的情况。例如，在一篇关于音乐教育课程调查的文章中，作者在描述音乐类课程设置时，制作了一个音乐课程示意图。但由于这些课程之间的关系相对简单且易于用文字描述，因此该示意图的使用并不必要。此外，在呈现调查问卷时，作者将每个题目单独设置了一个条形统计图，导致文章结构显得松散。相比之下，若将同一维度的题目组合呈现，不仅能使文章结构更加紧凑，还能提升信息的整合性和可读性。

（十）研究结果的常见问题

研究结果是基于前文分析得出的客观事实，不掺杂个人观点，其质量直接体现了论文的学术或技术创新水平，构成论文的核心部分。研究结果应实事求是、客观真实，文字表述需逻辑清晰、层次分明、简洁易懂，要求作者精确地使用说明性文字来描绘主要成果或新发现。然而，在修改论文时，许多作者往往未能严格遵守研究结果的撰写规范，具体问题体现在以下三方面。

1. 逻辑混乱，层次不清晰

部分作者在呈现研究结果时，仅限于简单列举，未能深入探究各项结果之间的内在联系和层次逻辑。例如，在某些文章中，作者通过文本分析得出的研究结果，仅是对分析的直接罗列，缺乏明确的层次划分和逻辑梳理，导致整体结构显得混乱。

2. 语言冗余，文字不精练

部分研究结果在文字表达上存在不准确、不简洁、不清晰的问题，有时使用冗长的词汇或复杂的句式来介绍或解释图表等信息。例如，在某些文章中，作者对与研究主题相关的内容进行过多解释，并混入了个人对研究结果的看法，从而导致研究结果的表述显得啰嗦、文字不够精练。

3. 表达重复，与讨论重合

研究结果是对事实的客观陈述，不应掺杂个人主观意见；而研究讨论则是对这些结果的深入分析与解读，可以包含个人的观点和见解。然而，有些文章在陈述研究结果时就对其进行了过多的解释，导致在研究讨论部分只是简单地重复了研究结果。例如，某篇探讨多元评价的智慧教学模式的文章中，作者在研究结果部分详细描述了智能系统和教师在提升学生写作水平方面的作用，包括智能系统主要针对语言层面，而教师则更侧重于内容和结构层面的指导。这种解释性的内容实际上更适合放在研究讨论部分进行，以保持研究结果的客观性和简洁性。

（十一）研究讨论的常见问题

研究讨论是对研究结果的进一步升华，它通过对结果的深入分析讨论，从宏观角度提炼出有意义的学术观点。这一环节对于充分论证研究的独特性和创新性至关重要，完善且合理的研究讨论能够显著提升论文的学术水平和研究质量。然而，在论文的修改过程中，常会发现研究讨论部分存在不完善、不合理的情况，这些问题主要体现在以下三个方面。

1. 研究讨论不系统

部分作者在探讨研究所涉及的问题时，缺乏足够的系统性和完整性，从而造成了论文结构的松散。例如，有些论文的研究讨论部分仅聚焦于研究主题的两个方面，并未对研究结果展开详尽深入的剖析。同时，这些讨论的内容也显得宽泛而简略，未能提供全面、系统、深入的见解。这种不系统、不完整的研究讨论方式，使得读者在阅读完论文后，对研究内容的理解仍显得不够深入和全面。

2. 研究讨论重复

部分作者在撰写论文时，倾向于在讨论部分重复强调引言部分已明确的研究目的，并直接引用结果部分已列出的具体数据，导致讨论、引言与结果部分的内容存在明显重复。例如，在一些文章中，作者已在研究结果部分详细描述了研究主题的基本状况及影响因素，然而在讨论部分又对这些内容进行了复述。由此可见，作者在论文中未能清晰区分研究结果与研究讨论的功能差异，导致两者在内容上有所重叠。这种做法既占用了不必要的篇幅，又可能让读者感到信息冗余和复杂。

3. 讨论关联性弱

部分作者在论文修改过程中，由于学术逻辑能力不够强或写作功底不足，可能会遇到研究讨论与前文关联性弱的问题。例如，在一篇探讨学生工作适应问题的研究中，作者在讨论部分过于依赖个人主观经验，对就业制度、学徒制等与前文内容关联度不高的主题进行了分析，这种处理方式削弱了文章的整体结构，使其显得松散且缺乏连贯性。

（十二）研究启示的常见问题

研究启示作为论文"起承转合"的收尾部分，旨在与研究主题或研究问题形成呼应，论文结构常采用"总-分-总"或递进与分总相结合的架构。在修改论文启示时，有以下一些常见问题。

1. 启示和选题衔接不紧密

选题作为学术写作的首要环节，其重要性不言而喻。然而，许多作者在选题时往往对基本要素把握不够精准，容易混淆研究主题与研究问题。为了确保选题的明确性和研究的聚焦性，作者在选题阶段应明确区分研究主题和研究问题，确保论文标题能够精准体现一个具体、明晰的研究问题。例如，在一些启示类文章中，部分作者在撰写过程中过于注重描述性内容，而在结论部分却缺乏深入的分析，导致启示与论文主题关联度不高，更接近于综述类论文而非启示类论文。

2. 启示的写作逻辑不完整

部分文章在"启示"部分存在明显问题，具体表现在与正文内容的脱节、空洞无物的表述倾向，以及仅停留在综述层面而缺乏深入分析。一篇结构严谨的启示类论文，其"启示"部分应当遵循严格的逻辑性。具体而言，这一部分应围绕"四个什么"的逻辑框架展开："什么内容有用""对什么主体有用""有什么用""为什么有用"。通过系统地阐述这"四个什么"，可以确保"启示"部分既连贯又富有说服力，同时保证论文内容兼具实用性和针对性。

3. 启示的实践落地性不足

启示的实践应用不足主要体现在两个方面：首先，文章在探讨启示时，因详略处理不当，使得启示的内容显得过于简略，而更多地聚焦于阐述启示产生的背景与原因；其次，由于视角过于宏观，提出的启示往往难以具体实施。因此，为了克服这一局限，论文在阐述"启示"部分时，需要有一个明确的切入点或抓手，以防内容显得空洞无物。具体而言，文章在梳理国内外研究成果与经验后，应清晰表明其出发点，并基于这些经验直接提炼出对国内工作或后续研究的实际启示。同时，还应具体阐述这些启示的实际效果以及它们所能带来的具体益处。这样的做法旨在确保启示部分与前文内容紧密相连，防止脱节现象的出现。

（十三）研究结论的常见问题

结论是论文的重要组成部分。研究结论不仅能够直观而简明扼要地展示研究成果，而且也为后续研究提供了新的研究视角和思考方向。结论基于正文中的实验和数据分析，明确回答了研究揭示的原理及其普遍性、研究中发现的问题或尚未解决的难题、与既有研究的异同之处、论文的理论与应用价值，以及对未来研究的建议[①]。当前，在论文结论修改中主要有以下常见问题。

1. 研究结论不够全面

在撰写论文的结论部分时，应严格遵守学术规范。首先，应对研究结果进行透彻的分析，从而提炼出实验数据所揭示的核心原理，并探讨这些原理的普适性。其次，通过与相似研究的比较，凸显本研究的创新之处和存在的局限性，尤其是要强调与其他研究者的观点差异。此外，还需深入阐述本研究在理论和实践层面的价值和意义，旨在为未来的研究提供明确的方向和有价值的建议。在结论部分，作者可以分享个人见解，表达对未来研究的期待，并提出对仪器设备优化的具体建议。同时，应阐述与主流观点一致或相异的看法，确保结论的全面性和客观性。此外，还需指出研究中尚未解决的问题，以充分展现研究的深度和广度，并避免结论受限于当前研究的范畴。总之，结论部分应全面、客观、深入地总结研究成果，为学术领域的发展贡献有价值的见解和建议。

2. 研究结论言过其实

在学术写作中，为确保论文的严谨性和科学性，结论部分应与引

---

① 田美娥. 科技论文引言与结论的写作[J]. 西安石油大学学报（自然科学版），2008，23（3）：109-110.

言部分所提出的问题紧密呼应。然而，部分作者在撰写结论时，其阐述范围超出了原定主题。例如，有些作者在结论中未基于充分依据，对未提及的试验、未得出的结果或未涉及的物质做出主观推测，并试图以此支持超出主题的论断。此外，还有部分作者倾向于强调研究的优势，而忽略或回避研究的不足；或是有选择性地突出部分结果，过度夸大其重要性和普遍性，致使结论内容超越了论文原定主题，产生了片面甚至误导性的结论。这种做法不仅削弱了论文的学术价值，也影响了学术研究的严谨性和科学性。

3. 研究结论缺乏限定

研究结论的得出往往受限于特定的条件或试验中的不可控因素。因此，在撰写结论时，研究者应明确并简洁地指出这些限定条件。若忽视这些条件，结论的逻辑性和严密性将受损，可能导致研究结果与实际情况产生显著偏差，从而对后续研究产生误导。同时，由于这些限制条件的存在，结论中应避免使用如"国内首创"或"文献未见报道"等夸大其词的描述，以免误导读者对研究价值的评估。研究者应致力于优化科研设计，并尽量减少实验中的不可控因素，以提高研究结论的可靠性和有效性。

4. 研究结论不分主次

结论部分是展示研究者核心观点的重要环节，其用词需精确凝练，紧抓研究的核心要点。结论应准确回应研究主题和关键问题，但一些作者在撰写时未能做到简练和聚焦，往往不加选择地重复具体论证过程或已有文献的结论，甚至将与研究试验关联性不强的经验、材料和常识性知识，甚至图表一并纳入结论之中。这种做法不仅会导致结论冗长拖沓，还可能使研究重心模糊，甚至出现主观臆造的成分。

因此，研究者在撰写结论时，必须突出重点，避免重复和偏离研究核心，确保结论能够清晰、准确地传达研究成果。

（十四）参考文献的常见问题

参考文献作为学术论文的关键组成部分，扮演着举足轻重的角色。它们不仅为研究工作提供了坚实的支撑和依据，帮助读者全面了解相关领域的学术动态和观点，还体现了对前人研究的尊重和认可，成为衡量论文学术价值的重要标尺。因此，研究者应当严格遵守学术规范，对参考文献的搜集、整理和引用给予充分的重视。当前，在参考文献引用中主要有以下常见问题。

1. 文献引用信息标注不全

在学术研究中，学者们普遍选择从知网或百度学术等平台直接导出参考文献信息。以期刊文献引用为例，规范的引用通常包含：作者、题名[J]、刊名、发表年份、卷（期）号以及页码等。在进行参考文献标注时，需要避免页码缺失、卷（期）号缺失、期刊名简写等问题。

2. 文献引用时效性不足

在文献引用的过程中，为了体现研究的深度和广度，不仅需要包含发表时间较早、引用次数较多的经典文献，更应充分重视并引入最新的研究成果。为了保持研究的时效性和前沿性，研究者应确保对近三年内的文献引用占比不少于总引用量的三分之一。这一做法有助于体现研究者对该主题最新进展的关注和了解，从而确保论文内容的前沿性和学术价值。

3. 文献引用类型单一

在学术创作中，仅聚焦于期刊论文的引用而忽视其他文献类型是一个常见的问题。实际上，文献类型多种多样，包括图书[M]、期刊[J]、学位论文[D]、会议录[C]、报纸[N]、报告[R]、电子公告[EB]、标准[S]、专利[P]等。为了确保研究的全面性和深度，研究者应当广泛涉猎各种类型的文献，以确保对相关研究领域有较为全面而深入的了解。

4. 文献引用数量不足

论文的文献引用数量取决于研究的热度、趋势、目的以及主题等多重因素。通常情况下，对于一般的期刊论文，建议引用的文献数量应不少于 20 篇。若是综述类论文，由于需要全面概括和分析已有研究，引用的文献数量可能达到 100 篇以上。对于学位论文，具体引用数量则根据学校的标准而定，一般硕士论文建议引用文献不少于 40 篇，而博士论文则不应少于 100 篇，其中外文文献应至少占总文献的一半。尽管论文的质量主要取决于研究内容、方法以及数据的可靠性，但文献引用的数量也是评估论文质量的一个重要指标。

5. 文献引用质量不高

在引用文献时，若文献来源并非顶级期刊、权威期刊、核心期刊或其他高质量期刊，则需特别审慎评估所引用观点的客观性和有效性。过度依赖普通期刊的文献可能会对论文的学术质量及研究者的学术声誉产生不利影响。此外，文献引用过程中还需警惕出现引而不注、注而不引或引用偏差等问题，这些都可能损害论文的学术价值。为确保引用的高质量，应关注参考文献的权威性、新颖性、全面性、准确性及规范性，这些要素将增加论文被期刊收录的可能性。

论文的撰写是一个严谨且系统的过程，要求作者持有端正的学术态度，具备扎实的专业知识、缜密的思辨能力以及出色的文字表达能力。提高论文的录用率需要在这些方面不断精进，以展现作者深厚的学术素养和严谨的学术作风。